新しい料理の教科書

定番の〝当たり前〟を見直す

料理家
樋口直哉

マガジンハウス

JN140836

ブックデザイン／L'espace
カバー写真／樋口直哉

Prologue

間違いだらけの定番レシピ

A「ハンバーグをつくるときは、肉種をよく練りましょう。練れば練るほど焼き上げたときふっくらします」

B「ハンバーグの肉種は練ってはいけません。肉が硬くなります」

今はインターネットを検索すれば、いくらでも食の情報が見つけられる時代です。ところが料理についてちょっと調べるとこんな風な真逆の意見が出てきます。

「一体、どっちを信じたらいいか、わからない!」

そんな経験はありませんか?

料理の世界には迷信の類もたくさん残っています。

例えば「青菜を茹でるとき、塩を入れると緑が鮮やかになる」

実はこれ、根拠のない話で、塩を入れても入れなくても色は同じです。他にも野菜は立てた状態で保存した方が長持ちするという話。これも差がないことがわかっています。

当たり前とされてきたことって、なかなか更新されないんですよね。

でも、今はいろんな世界で、長いあいだ「当たり前」とされてきたことが、見直されている時代です。だから、料理の考え方もアップデートしてもいいんじゃないか、と僕は思います。

そのために**必要なのは科学的な考え方。科学的に料理を理解すればベストのつくり方がわかります。**とはいっても難しくはないので安心してください。なにせ、食べ物についてだけの話ですから、中学生、高校生の頃の理科の知識があれば充分です。

今と昔で食材が違うから、料理法も当然変わる！

ところでなぜ料理は、人によってこんなに主張が違うのでしょうか？

その理由は時代背景や環境の変化にあります。**食材も昔と今では大きく違うので、その時代、その時代でベストとされる料理法は変わって当然なのです。**

昔と今では大きく違う食材、といえばお米がそう。

白米は炊く前に研ぎますが、かつて研ぐ目的は表面のヌカ層や汚れを取りのぞくことでした。が、今は違います。

今のお米は一生懸命に研がなくてもいい、のです。

精米技術の向上で米のヌカ層はきれいに取りのぞかれ、白米に含まれる水分も均質になりました。**昔と今ではお米の品質がまったく違うのですから、炊き方や研ぎ方も変わって当然**です。

今は昔のように手のひらでごしごしする必要はなく、米粒の表面を洗い流せればOKです。ちなみに**米を研ぐときにはザルを使う**と楽。ボウルとザルを重ねて、熊手のようにした手でかき混ぜます。指先で洗う感覚です。

大阪の堺市に「銀シャリ屋ゲコ亭」という大衆食堂があります。この店の名物は「おいしいご飯」。店主はおいしいご飯のために夏場の6〜8月は「(夏は)水が悪くなるから」と店を閉めるそうです。

水が悪くなるとは、どういうことでしょう? 夏でも冬でも水質は変わりません。違うとすれば水温です。

つまり、冷たい水でご飯を炊くとおいしくなるのです。理想は冷蔵庫の中で120分間、吸水させてから炊くこと。これなら冷たい水でご飯を炊けます。

ちなみに従来の炊飯の常識では「夏場は30分間、冬場は90分でほぼ吸水を終える」とされてきました。120分というのはそれよりも長い時間です。これも昔と今で調理の常識が変わった一例でしょう。

「なぜ？」を知ると、おいしさの秘密がわかる

おいしい米の炊き方を科学的に考えると、ポイントはまず、加熱をはじめてから短時間で沸点までもっていくこと。加熱に時間がかかるとそのあいだに米からデンプンが溶け出し、べったりとした仕上がりになってしまうからです。**一気に加熱し、表面に張りを持たせることがおいしさに繋がります**。沸騰したら火を弱め、8〜12分加熱し、火を止めて蒸らします。トータルで20分くらい加熱するとおいしいご飯になります。

今の電気炊飯器はこれらの研究を応用し、とり入れています。昔の炊飯器は弱い火力が弱点でしたが、現在市販されている炊飯器の多くが採用しているＩＨ式はそれを克服。メーカーによっては圧力ＩＨ式を採用して閉じ込めた水蒸気で内部に圧力をかけ、１１０℃前後の温度での加熱を可能に。通常の水の沸点よりも高い温度で加熱することで、よりもっちりした食感を実現しています。

また、あるメーカーの炊飯器は高温にした水蒸気を内釜のなかで循環させることで、米粒により張りのあるしゃっきりした食感を与えています。これもおいしいご飯を実現するための新しい技術。内釜にも熱伝導率の高い銅やダイヤモンドをコーティング

するなど各メーカーそれぞれに工夫を凝らしています。

最後に考える必要があるのは人の嗜好の変化。昔は白くやわらかいご飯がご馳走でしたが、炊飯器メーカーの研究によると今は粒立ちがよく、噛みごたえのあるご飯が好まれるそう。おいしさも時代によって変わるのです。

この本で紹介するのは新しい知見をとり入れた現在形のレシピ。試していただければ新しい味と出会えるはずです。

目次

新しい料理の教科書

定番の〝当たり前〟を見直す

●調味料について
塩は精製塩を使用しています。あら塩をお使いの方は味見をしながら分量を増やしてください。

砂糖はレシピによって上白糖、グラニュー糖など使い分けています。

しょうゆは一般的な濃口醤油を使用しています。

バターは無塩を使っていますが、有塩でも問題ありません。

酒は料理酒ではなく飲める純米酒を使用しています。

みりんは本みりんを使用しています。

オリーブオイルはすべてE.V.オリーブオイルを使用しています。

加熱用にはピュアオリーブオイルを使っても構いません。

衣はカリッと肉はやわらか

鶏の唐揚げ

タレに浸け込まなくても、しっかりとした味付けの〝家からあげ〟。小麦粉と片栗粉のダブル使いで冷たい油から揚げると最高の唐揚げに。

調理の新常識

旧 鶏肉は~~高温~~で揚げる。

↓

新 冷たい油から揚げるとジューシーになる。

カリッと仕上げの秘密は、衣と揚げ方にあった

みんな大好きな鶏の唐揚げ。古いレシピを調べていて、僕がまず疑問に思ったのは「鶏肉を調味液に漬け込む」時間の長さです。醤油や酒、みりんなどを合わせたタレに短いものでも20分間、長いものでは数時間、漬け込むという形が一般的。これでは鶏肉の味が抜けてしまいます。

なぜ、調味液に漬ける必要があったのか。それは昔の鶏肉が硬く、流通の関係でにおいが強かったからです。

また、衣に卵を入れているレシピもありました。卵を入れると衣が厚くなりボリューム感が出ます。昔、鶏肉が高価だった頃、小さい鶏肉に分厚い衣をつけて大きく見せる工夫です。今の鶏肉ならこんなに長い時間漬け込む必要はありませんし、衣も薄いほうがおいしいはず。新しいレシピでは鶏肉の味が素直に味わえる唐揚げを考えました。やや大きめに切った鶏肉を薄い衣でカリッと仕上げます。

まずは鶏肉の選び方から。地鶏、銘柄鶏、若鶏(ブロイラー)の3種類がありますが、唐揚げに一番向いているのは若鶏です。飼育日数が長い地鶏は肉や皮が硬めで、唐揚げには向いていません。銘柄鶏なら肉質のやわらかいものを選んでください。

鶏もも肉は余分な脂を落とし、一口大にカットします。濃口醤油で味付けをする場

卵が入るレシピもありますが、卵を衣に加えるとふんわり感が出ますがカリッとしません。

合、300gに対して大さじ1が目安。ご飯のおかずにするには、醤油だけでは塩分が足りないので、さらに塩を足しています。今回は小さじ½加えましたが、好みで¼まで減らしてもいいでしょう。

鶏肉を大きめに切ったので、加熱時間が余分にかかります。そこで**下味で必ず加えたいのが日本酒です。**日本酒のアルコールが肉の繊維のあいだに入り込み、加熱したときにふっくらとします。さらに日本酒には多くのアミノ酸が含まれているので、鶏の味わいを深めてくれます。

日本酒を加える利点がもう一つあります。鶏肉に日本酒を加えると、加熱時間によって失われる水分を補うことができるのです。加熱によって失われる水分をあらかじめ加えておくことで、ジューシーな仕上がりになります。もちろん、入れすぎると鶏肉の味が薄まってしまい、カリッとしなくなるので注意が必要。

衣には卵を使わず、小麦粉と片栗粉を両方使います。小麦粉を使うとふんわりとした仕上がりになり、片栗粉を使うとカリッとした食感になります。どちらか片方だけでもいいのですが、どちらかだけだと、衣が厚くなりがち。そこで、はじめに小麦粉をまぶして鶏肉から出てくる水分を吸ってから、次に片栗粉をまぶすことで衣の薄さとカリッと感を両立させました。

新技法は鶏肉を冷たい油から揚げること。唐揚げがジューシーに仕上がりますし、中が生という失敗もなくなります。冷たい油をフライパンに注ぎ、粉をまぶした鶏肉をならべて中火にかけます。衣がはがれる原因になるので、はじめは箸などで触ったりしないこと。泡立ってきたら弱火に落とし、ここで箸を入れて裏返します。表面がカリッとこんがりするまで加熱すればＯＫです。

揚げ物は油の温度が下がらないようにたっぷりの油で揚げる、とよく言われますが、冷たい状態からスタートするので、揚げ油の量は少なめで大丈夫。むしろ、温度の上昇が早いので、少量のほうがいいのです。

冷たい油に入れて揚げはじめると、最初は低い温度で加熱し、最後には高温で加熱することになります。揚げ時間はトータル10分間が目安。

カリカリ感を持続させたいのであれば二度揚げもおすすめです。最初は、１４０～１５０℃の低温でじっくりと3～4分間揚げ（やはり箸で触ったりしないこと）、それから網の上などで休ませます。そのあいだに外側の熱の大部分は空中に拡散していきますが、一部がゆっくりと内側に伝わっていき、肉の内部にある水蒸気は外側に移動します。二度目の揚げはやや高温の１８０～１９０℃。目的は先ほど休ませているあいだに外側に出てきた水分を飛ばし「カリッ」とさせるためです。

冷たい油から揚げるよりも二度揚げのほうがカリッと感は持続します。すぐに食べるなら冷たい油から一度揚げ、お弁当用には二度揚げにするのがいいでしょう。

鶏の唐揚げのつくり方

材料(2人前)

鶏もも肉…1枚(300g程度)
醤油…大さじ1
塩…小さじ½
日本酒…大さじ2
生姜すりおろし…少々
ニンニクすりおろし…半片分
小麦粉…大さじ3
片栗粉…適量

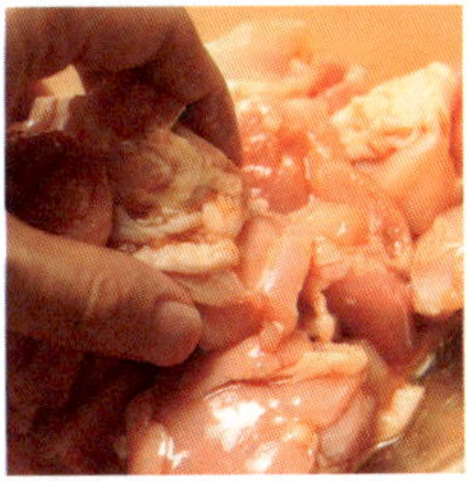

調味料は軽く和えるだけ。肉は調味料を吸い込むので揉み込まなくても大丈夫。

レシピ

1 鶏もも肉は一口大(3cm角)に切って、包丁の根本で軽く叩いて繊維を切っておく。

2 ボウルに**1**の鶏もも肉、醤油、塩、日本酒、生姜すりおろし、ニンニクすりおろしを入れて優しく和える。

3 **2**に小麦粉を加えてさらに和える。

4 片栗粉をお皿かバットに敷き、**3**の鶏肉の表面に一つ一つまぶしていく。このとき、鶏皮が外側にくるように引っ張りながら成形する。

5 フライパンに1.5cm程度の油を注ぎ、**4**の鶏肉を並べ火にかける。泡立ってきたら火を落としてそのままあげる。

6 表面が色づいてきたら火を強め、カリッとさせる。目安はトータルで10分。

極上のタレが決め手

豚肉の生姜焼き

豚肉を焼いてから、合わせ調味料を加えるのが昔ながらのつくり方。新レシピでは調味料の特性をいかして2回に分けて使います。

調理の新常識

旧 おろし生姜・酒・砂糖・みりん・醤油。味付けは一度に合わせる。

新 肉をやわらかくする「おろし生姜+酒」と味付けの「醤油+みりん+砂糖」を分けて使う。

おろし生姜と日本酒に浸すと、肉はやわらかくなり、くさみも消えます。新鮮な生姜に含まれる酵素はジンジベインといいます。チューブで売られているおろし生姜は殺菌工程で酵素の働きが失われているので使わないでください。

酵素の力を利用した新しいつくり方とは？

生姜焼きに使う肉の部位は、肩ロースかロースが一般的。今回はやわらかさを優先し、ロースを選びました。

昔ながらのレシピでは肉を焼いて、合わせ調味料を一度に加えるのが普通です。しかし、新しいつくり方では**肉をやわらかくするための〈おろし生姜＋日本酒〉と仕上げに使う味付けのための〈醤油＋みりん＋砂糖〉を分けて使います。**それだけで、いつもの生姜焼きが驚くほどやわらかく、ご飯のすすむ最高のおかずになるんです。

まずは「生姜＋日本酒」で肉をマリネします。鍵を握るのは生姜に含まれるタンパク質分解酵素。日本酒はpH4・2〜4・7と弱酸性なので、そのpHに置くことでタンパク質分解酵素が活性化し、肉の保水力も上がります。

ちなみに中国産の生姜は国産のものより酵素の量が多い品種。中国産の生姜を使ったほうがよりやわらかくなります。

おいしさを引き出すために合わせ調味料もひと工夫して、一般的なレシピでは見ることのない隠し味を二つ、投入します。

＊旨味は単独よりもかけあわせたほうがより強く感じる特性があります。その特性を生かしたものとして例えば昆布のグルタミン酸と鰹節のイノシン酸のあわせ出汁などがあります。

外側ほど高温なのは熱源がガスの場合。ＩＨであればとくに気にする必要はありません。

一つは、トマトケチャップ。

豚肉のイノシン酸にトマトのグルタミン酸を足すと、**旨味の相乗効果**＊でよりおいしくなります。（昆布茶でも同様な効果が期待できます）

二つ目の隠し味がタバスコ。

辛くならない程度に2滴ほど加えます。タバスコは酸度が非常に高い調味料なので、加えることでソースの味が締まります。

最後に小さなコツですが、フライパンで肉を焼くときは脂身を外側に。フライパンの表面温度は外側ほど高いので、脂身を焼くのに適しているからです。火の通しすぎに注意して、片面だけに焦げ目をつけたら後はさっと〈醤油＋みりん＋砂糖〉の合わせ調味料を絡めましょう。

ご飯のおかずとして提供するならロースの一部を薄切りのバラ肉に替えることもできますが、その場合は必ず出てきた脂をキッチンペーパーでふきとってから調味液を加えます。

昔ながらのつくり方を科学の視点から見直した新しい定番レシピです。

豚肉の生姜焼きのつくり方

材料(2人前)
豚ロース肉…250g
生姜…25g
日本酒…大さじ2
片栗粉…小さじ1
醤油…大さじ2
砂糖…大さじ1
みりん…大さじ2
トマトケチャップ…小さじ½
タバスコ…2滴
キャベツの千切り…適量

隠し味に酸度が高いタバスコを加えます。辛くならないように2滴。

レシピ

1 生姜をすりおろし、日本酒で溶き伸ばす。それを豚のロース肉の表面に塗り、室温で15～30分間置く。

2 醤油とみりんを合わせ、砂糖を溶かす。そこにケチャップ、タバスコを加え、合わせ調味料をつくる。

3 茶こしなどを使って、片栗粉を肉の片面、ところどころに振る。

4 中火に熱したフライパンで、片栗粉を振った面から肉を焼きはじめる。脂身が外側にくるように肉を置く。テフロン加工のフライパンなら油は不要。重ならないように焼くために半分ずつ焼くとよい。肉の片面だけ焼いたらボウルにとって、もう半分も同じように焼く。

5 肉が焼けたらボウルの肉を鍋に戻し、2の合わせ調味料を加える。軽く煮詰め、皿に盛り付ける。付け合わせはキャベツの千切り。

鶏もも肉のステーキ

皮の部分は、こんがりしていてカリッカリッ。身はしっとりやわらかい。レモン汁でマリネすることでよりジューシーに。

材料(2人前)

鶏もも肉…300g相当
塩…重量の1%相当
レモン汁…小さじ1
EVオリーブオイル…小さじ1
ディジョンマスタード…適量
(好みで)

肉を入れてヘラで押さえます。この作業によって皮が平らに伸ばされ、熱の伝わり方が良くなります。

レシピ

1 鶏もも肉は重量の1%相当の塩を振り、15分以上、置く。表面に浮いた水気をキッチンペーパーでふきとり、EVオリーブオイルとレモン汁をあわせたものを身だけに塗る。

2 皮を上にして、15分以上置いて肉を完全に室温に戻す。

3 フライパンを中火にかけ、サラダ油小さじ1(分量外)を敷き、皮目を下にした鶏肉を入れる。はじめの2分間はヘラで抑えて、皮を平らにする。

4 皮に焼き色がついてきたら裏返す。皮から出てきた脂をキッチンペーパーでふきとり、火を弱火に落とす。目安は3分。

5 肉の膨らんだ部分を押して弾力があれば火が通っている。最後に皮を下にして、再び火を強めて水分を飛ばす。目指す中心温度は65～68℃。好みで食べるときにマスタードをつけるとおいしい。

肉料理

旨みがじゅわっと

豚肉のステーキ

ひと昔前と違い、豚肉の質が向上し、調理方法も変わってきました。豚肉をステーキにしてシンプルに塩とコショウで味付けします。

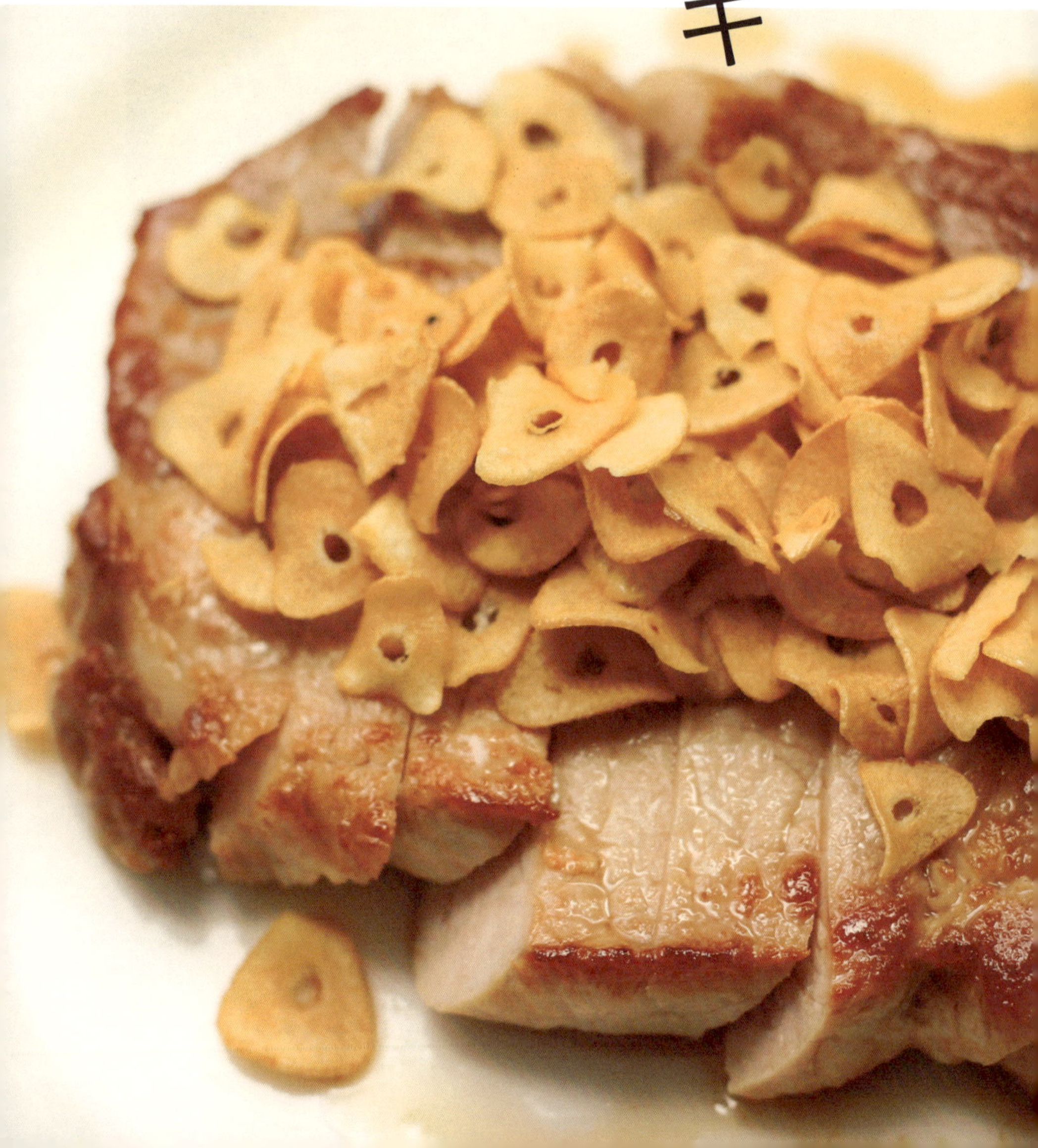

調理の新常識

旧 ~~中火のフライパンで焼く。裏返すのは一度だけ。~~

新 肉にしっかりと火を入れるには**弱火でゆっくり脂身から**焼く。

ある程度の厚み（1・5～2・5㎝）があるとジューシーに焼けます。

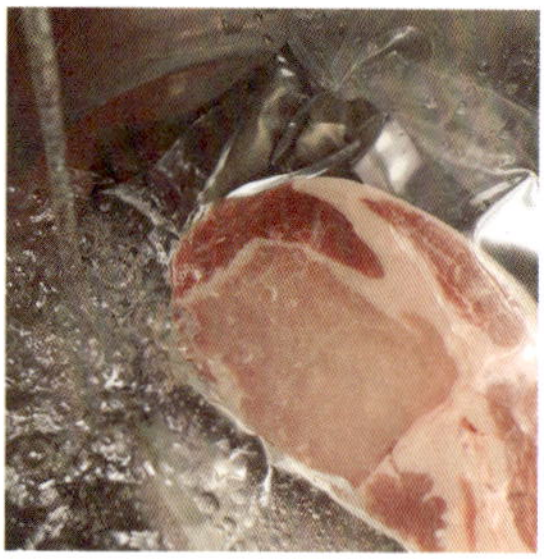

肉をビニール袋に入れて空気を抜き、お湯で温めます。ビニール袋に空気が入っていると肉が温まりません。

スーパーの豚肉を極上のステーキにする方法

豚肉をステーキにするならおいしいのはロース肉、それもロイン側よりもリブ側（肩ロースに近い部位）がおすすめ。ロイン側かリブ側かは脂の入り方で見分けることができます。脂が多く入っているのがリブ側（肩ロースに近い部位）です。スーパーでは一般的にトンカツ用として売られています。

豚肉をおいしく焼くときにはいくつかのコツがあります。

まず「筋切りは最小限に」。

筋を切らないと肉が反ってしまうので、上手に焼けません。そこで筋を切る必要がありますが、切れ目を入れるとそこから肉汁が流出するため最小限に抑えます。（P30参照）。

外側をカリッと焼きつつ、内側まできちんと火を通すために焼く前にぬるま湯で肉を加熱します。この後、焼いて加熱処理を行うので安全性には問題ありません。

牛肉と違い、豚肉の脂身には、しっかりと火を通す必要があります。しっかりと火を入れた豚肉の脂身はおいしいので、まず肉を立てた状態にして、**脂身から加熱**していきます。肉が倒れるようなら丸めたアルミホイルをブックエンドのように置くか、

肉を立てた状態にして、脂身から加熱すると、結果としてラードで焼くことになりコクが出ます。

菜箸かトングで支えてください。

脂身にきちんと焦げ目がついたらいよいよ肉を焼きはじめます。脂身が焦げるということはフライパンの表面温度は肉を焼く適温になっているということ。肉を焼いている間、余裕があればスプーンで焼き汁をすくって脂身の部分にかけるようにすると、その部分がよりやわらかくなります。

最後に**焼き上がった肉を休ませます。**火の通りすぎを防ぐには余熱を使うのが一番です。

また、肉の温度が下がると保水率が上がるので、肉はよりジューシーに。焼き上がった肉の断面はピンク色で、脂身にはしっかりと火が入っているはず。ピンク色（ロゼと言います）に仕上げた豚肉の安全性は議論になりますが、国内で流通している豚肉であれば生焼けでもリスクは少ないので、安心してください。とはいえ生は厳禁。理想の中心温度は65℃です。

ガーリックチップスをたっぷりと載せましたが、柚子胡椒やワサビ、辛子やかんずりなど薬味を添えてもいいですし、レモンやライムを絞っても美味。

焼き加減をマスターするために何度も焼いて感覚を掴みましょう。

豚肉のステーキのつくり方

材料(1人前)
豚ロース…1枚(180g)
塩…適量(肉の重さの0.7%)
コショウ…適量
ニンニク…適量
サラダ油…適量

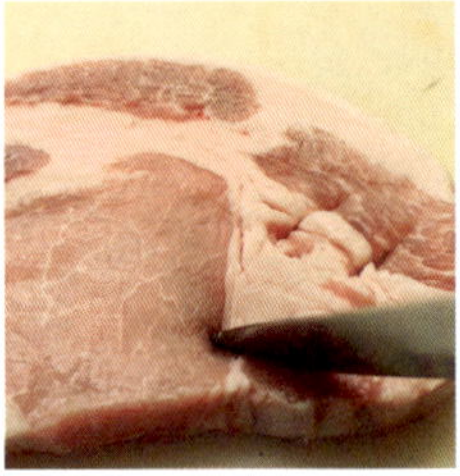

切れ目を入れすぎると、肉汁が流出するので、筋切りは最小限に。

ニンニクチップのつくり方

1 ニンニクは薄切りにして軽く水にさらす。キッチンペーパーで水気をふきとってから、フライパンに入れ、ひたひたの植物油を注ぐ。(揚げた油は再利用不可なので、量は少なめに)
2 中火にかけて薄く色づくまで揚げる。ザルなどで油を切り、冷ましておく。

レシピ

1 脂身と肉の境目に3カ所ほど切り込みを入れる。

2 肉をビニール袋に入れて、蛇口のお湯(40℃)につけて1～3分間、温める。ビニール袋から肉を取りだし、塩を両面に振る。

3 フライパンを弱火にかけ、小さじ½ほどの植物油(分量外)を敷いた冷たい状態のフライパンで、脂の側をよく焼く。

4 脂身にしっかりと焦げ目がついたら、盛り付けたときに表になる面から焼きはじめる。フライパンのなかで肉をゆっくりと動かすと、きれいな焦げ目がつく。

5 裏返して表面にツヤが出てくれば、パイ皿やバット、皿などに移してコンロの上などの温かい場所で5分ほど休ませる。

6 切って好みでコショウを振り、お皿に盛り付ける。ニンニクチップを添える。

牛肉のステーキ

高温のフライパンで一気に焼きます。
20秒おきに肉を裏返しながら焼くと、
表面はカリッと香ばしく、なかはジューシーに。

材料(2人前)

ステーキ用牛肉
(サーロイン、リブロースなど)…2枚
塩…適量(肉の重さの0.8%)
コショウ…適量
ルッコラ…1パック
オリーブオイル…大さじ1
レモン汁…小さじ1
パルメジャーノチーズ…少々

レシピ

1 ステーキ用肉は30分以上(2時間以内)室温に置き、キッチンペーパーで表面の水気をふきとる。焼く直前に塩を軽く振る。

2 フライパンに適量のオリーブオイル(分量外)を入れ、強火で熱する。煙が軽く出るほど熱くなったら肉を静かに入れ、20秒おきに裏返しながら計2分間焼く。煙が出るので換気扇は全開に。

3 ステーキを皿にとって、コンロの近くなどあたたかい場所で焼いた時間の倍(今回は4分間)休ませる。肉を切り、黒コショウを振りかけて、皿に盛り付ける。オリーブオイルとレモン汁で和えたルッコラとパルメジャーノチーズの薄切りを添える。

肉汁がハンパない

超絶ハンバーグ

肉種をつくるときに「卵を入れない」「炒めた玉ねぎを使わない」という今までにない調理法です。肉汁を閉じ込めるハンバーグ種のつくり方を初公開。

調理の新常識

旧 肉に炒めた玉ねぎを加える。

← 新 さっぱりさせるには生の玉ねぎを加える。

旧 ハンバーグの中心を凹ます。

← 新 ジューシーにするには肉種の表面は滑らかに。

ふっくらジューシーに仕上げるには？

料理書には「肉をよく練ると成形しやすくなり、あとから玉ねぎや調味料を加えても肉がバラバラにならない」と書かれています。しかし、買ってきた挽き肉を手でまとめると、練らなくても丸くなりますし、手荒に扱わなければ焼いても崩れたりしません。実際、ハンバーグは「肉をあまり練らないほうがいい」と主張している人もいます。

一体なんのために肉を練るのでしょうか？

肉に塩を加えて練るとミオシンというタンパク質が溶け出します。ミオシンは網目構造をつくり、肉汁を中に閉じ込めてくれます。つまり、肉を練る目的はハンバーグをジューシーな仕上がりにするためです。

網目構造をつくるポイントは「塩」「肉の鮮度」「低温」の三つ。

まず考慮すべきは肉の鮮度です。

鮮度のいい肉を使う必要があるので、挽き肉は信頼できるお店から買いましょう。注意するのは解凍された状態で販売されている冷凍挽き肉。パックに〈解凍品〉と記載されているものは、ハンバーグには不向きです。

戦後に発表されたハンバーグのレシピには、ほぼすべて卵が入っています。これは昔、流通していた挽き肉が、鮮度の悪いものばかりだったので、不足した結着力を補うために入れていたのでしょう。

現在、流通している挽き肉であれば卵を使う必要はありません。逆に**卵を使わないことで肉の味がしっかり出ます。**

次の「低温」も重要なポイント。

結着力は肉の温度が15℃を超えると弱くなっていき、20℃を超えると完全に失われてしまいます。従って肉を練るときはボウルに氷水を当てるなどして冷やしながら作業を行う必要があるのです。

手で練って「粘りが出た！」と思っても、実は脂肪が溶けているだけ、ということも。お店では挽き肉を入れたボウルに氷水に当て、さらに手を冷やしながら練っています。手を使うメリットは作業が早いこと。手の攪拌《かくはん》力はかなり強いので、1分も混ぜれば充分に粘りが出ます。

ここでもう一つ、重要なポイントがあります。

粘りが出てきたら、練るのをやめることです。粘りが強くなりすぎると加熱したときに網目構造がちょうどスポンジを絞るように縮み、肉汁が流出してしまうので食感が硬くなりがち。また、練りすぎると肉の粒が潰れてしまい、肉の風味が弱くなるのもデメリットです。低温でよく肉を練り、結着力を充分に高めたソーセージやウインナーを想像してもらうとわかりやすいと思いますが、それらを噛むと肉汁が溢れますよね？　あれは加熱をすることで肉が絞られ、肉汁が出てきているのです。

ソーセージやウインナーの場合は皮があるので、肉汁を内部に留めておけますが、肉が剥き出しの状態のハンバーグは無理。なので、粘りが出てきたらすぐに止める必要があります。

目安は肉種がひとまとまりになり、挽き肉のあちこちに小さな角が立った状態です。

玉ねぎは炒めるより生のままが正解

肉を練ったところで、副材料を加えます。副材料のまわりではタンパク質の強い結合が起きないので、ふんわりとした仕上がりになります。

定番の副材料は肉との相性がいい玉ねぎ。既存のハンバーグのレシピでは玉ねぎは

玉ねぎはなるべく細かいみじん切りに。大きいと焼いているときに肉種が崩れてしまいます。

飴色になるまで炒めて、よく冷やしてから加えるのが普通です。

玉ねぎを炒めるメリットは以下の二つ。

①玉ねぎを炒めることでコクと甘味が出る。

②水分が抜けるので肉と馴染みやすくなり、焼いているあいだに水分が出て肉が割れにくくなる。

しかし、今回は生のまま使っています。

玉ねぎを生のまま加えると、さっぱりとした仕上がりになるからです。

炒め玉ねぎを入れる場合には一度、炒めてから充分に冷やす、といった手間が必要になりますが、生のままであればそのまま使えるので手軽です。焼いているあいだに玉ねぎから水分が出ますが、パン粉が吸うので問題はありません。

パン粉を入れる理由は他にもあります。パン粉は流れ出る肉汁を吸収するので、濃厚な味になるのです。

ところで既存のレシピの多くには「パン粉は牛乳に浸す」とありますが、それはパン粉が乾燥しすぎて固かった時代の話。最近のパン粉であればそのまま加えたほうがいいでしょう。牛乳に浸してしまうと肉汁を吸う効果がなくなってしまいますからね。

成形するときは手に油をぬっておくと作業がしやすいです。

肉種の中心を凹ます必要はありません

昔のレシピには「ハンバーグを成形するときは中心を凹ます」と書かれていますが、その必要もありません。

凹ます理由は「焼いている最中に中心が膨らんで火が通りにくくなるから」とありますが、実際にはそんな事態は起きないからです。中心が膨らむ理由は外側の肉が縮むからで、主に肉種の練りすぎによるもの。今回のレシピ通りにつくれていれば、中心が膨らんで困るようなことはありません。

それよりも**成形するときには表面を滑らかにしておくことが重要です。**表面を滑らかにしておくと、さきほど説明したミオシンが膜になって肉汁をとどめてくれます。

理想は表面には焦げ目がつき、なかはしっとりとした焼き上がり。焼きはじめは、強火で焼くとタンパク質が急速に収縮し、肉汁が流れ出てしまいます。

かといって最初から最後まで弱火で加熱すると、今度は加熱に時間がかかりすぎ、水分が蒸発してしまうので、硬い仕上がりになります。そこでまず中火でスタートして、盛り付けたときに表になる面から焼き色をつけます。

焦げ目がついたら裏返し、火を弱火に落としたら蓋をし、ゆっくりと火を通します。

さらにおいしくするコツとは?

ハンバーグの上下には焦げ目がつき、いい感じに焼き上がっているように見えても、中まで火が通っていないかもしれません。そこでもう少し内部の温度を上げる必要があります。

日本酒を加え、蓋をしましょう。オーブンに入れてもいいのですが、水分を逃さないために短時間で温度を上げたいので、空気よりも熱伝導がいい蒸気の力で蒸し焼きにするのが簡単。

火が通った状態のハンバーグは肉汁でパンパンの状態。

ここで火の通りを確かめようと串を刺したりすると、そこから肉汁がどんどん流れ出てしまいます。

内部の肉汁が落ち着くまで5分間ほど休ませることが重要で、余熱でさらに火が入ります。

フライパンに残った液体には肉汁と肉のエッセンスが残っています。これをソースに活用しない手はありません。ウスターソースとケチャップを軽く煮立ててソースにしましょう。

今回は合い挽き肉を使っていますが、もともとハンバーグは牛肉100%でつくるもの、という意見もあります。

たしかに昔、豚肉を混ぜていた理由は嵩《かさ》増しのため。出来たてであれば牛肉100%でつくったほうがおいしいのは本当です。しかし、豚肉は脂の融点が低いため、少し混ぜると冷めても味が落ちないというメリットもあります。お弁当に入れる場合には特に豚肉の割合を増やすといいですが、出来たてを食べる場合であれば、豚肉の量は25%くらいまでに抑えたほうがいいでしょう。豚肉の割合が増えすぎると牛肉の香りが弱くなってしまいます。

この「卵は入れない」「玉ねぎは炒めない」という新しい調理法を使えばハンバーグは手早く、しかも安価にできます。

もちろん、ソースなどを凝ればもっとおいしくできるかもしれません。しかし、作家の開高健はハンバーグのことを「これはもともとがざっかけな料理である」と言っていますが、気取らない料理です。肩の力を抜いて、さっと手早くつくるレシピがハンバーグには似合っている気がします。

超絶ハンバーグのつくり方

材料（2人前）
合い挽き肉…300g
（できれば黒毛和牛の牛挽き肉が入ったもの）
バター…大さじ1
（室温でやわらかくしておく）
塩…3g（小さじ½）
玉ねぎ…100g（½個）
（できるだけ細かいみじん切り）
生パン粉…20g
コショウ…少々

日本酒…50cc
ウスターソース…大さじ1と½
トマトケチャップ…大さじ2

ハンバーグの内部の温度を上げるため、お酒を加え、蒸気の力で蒸し焼きにします。

レシピ

1　冷たいボウルに、やわらかくしたバター、挽き肉、塩を入れて、粘りが出るまで混ぜる。

2　玉ねぎのみじん切り、パン粉、コショウを加えてさっくりと混ぜる。

3　ハンバーグの種を二つに分け、油を塗った手で厚さ1.5～2cmの平らな楕円形に成形する。

4　中火に熱したフライパンにサラダ油小さじ1（分量外）を敷き、肉種を焼きはじめる。まずは片面3分間が目安。

5　肉種を裏返したら、火を弱火に落とし、蓋をして3分間加熱する。

6　3分経ったら蓋を開け、日本酒を注ぐ。沸騰してきたらまた蓋をして3～4分間、蒸し焼きにする。

7　蓋を開けて、火をとめる。5分間、休ませて余熱で火を通す。

8　ハンバーグを皿に移し、残った日本酒にウスターソース、トマトケチャップを加えて煮詰めて、ソースにする。器に盛り付けて完成。つけ合わせに茹でたブロッコリーやインゲン、缶詰のコーンなどを添える。

酸味の利いた深みのある味に

喫茶店風ナポリタン

「茹で上がった麺をケチャップとからませる」従来のレシピだとべったりした仕上がりになりがち。新しいレシピでは、あらかじめケチャップをよく炒めることで、水分を飛ばし濃厚な味に。

調理の新常識

旧 ~~麺にケチャップを加えて炒める。~~

←

新 茹で上がりの麺に煮詰めた濃厚なケチャップを加えて炒める。

喫茶店風のナポリタンをつくる工夫

甘いケチャップとほろ苦いピーマンの味。ナポリタンは永遠の定番です。ただ、家庭でつくるとべったりとした仕上がりになりがち。お店の味に近づけるためにはいくつかのコツがあります。

最初のコツは「ケチャップをきちんと計量すること」。

慣れてきたら目分量でもいいのですが、ケチャップは多分、思っている量よりたくさん必要です。一度は計量して感覚を掴みましょう。

大人が食べるならケチャップをブレンドするのもオススメ。

代表的なメーカーの製品でも、

デルモンテ→トマトの味
カゴメ→スパイス感
ハインツ→甘み

という具合に、それぞれ味の特徴が異なります。

ナポリタンの場合には特にスパイス感が仕上がりを左右します。子ども向けにはデ

あらかじめ加熱することでケチャップの余分な水分を飛ばし、水っぽくなるのを防ぎます。

ルモンテ単体がいいですが、大人が楽しむならデルモンテとカゴメを半々使うか、カゴメとハインツを半々使うというのがオススメです。

また、このレシピでは隠し味にウスターソースが入ります。ナポリタンの名店の多くは野菜とベーコン、ケチャップなどを煮込んで、専用のオリジナルソースを仕込んでいますが、様々な野菜とスパイスを煮込んでつくったウスターソースを入れることで、複雑味を加えています。

二つ目のコツは**「ケチャップをよく炒める」ことです。**

従来のレシピではフライパンで具材と茹でた麺を炒めてから、ケチャップを加えますが、家庭の火力だとケチャップの水分が飛ばず、べたっとした仕上がりになりがち。あらかじめ加熱し、ケチャップの水分を飛ばしておいてから、表示時間通りに茹でたパスタを絡めると失敗する確率が減ります。

さらに一段上の味を目指すなら「パスタを寝かせる」と、さらにお店の味に近づけるはず。つくり方は表示時間よりも1分長く茹でたパスタを冷水にとり、水気をふき取ってから、くっつき防止のためのサラダ油を絡めて、冷蔵庫で一晩寝かせるだけ。

スパゲッティを寝かせるのは洋食店では一般的におこなわれている技法。

事前に準備しておけるので注文を受けてからすぐに料理できる、というオペレーション上の利点もありますが、寝かせることでデンプンが水分を吸収し、スパゲッティがもっちりした食感に変わります。

パスタを寝かせたり、炒めたり……というのはイタリア料理では普通しない調理法。ナポリタンのつくり方は普通のパスタとはかなり違います。

作家の片岡義男さんは『ナポリへの道』という本のなかで、ナポリタンについてこんな風に語っています。

「スパゲッティ・ナポリタンという日本の料理に対して、自分がきわめて強力に日本を感じるのはなぜだろうか、とずっと以前から僕は不思議に思っていた」

そう、ナポリタンは日本生まれ、日本育ちの料理。

それを知るとより愛着がわきます。ケチャップで口のまわりが赤くなっても、気にせず食べましょう。

喫茶店風ナポリタンのつくり方

材料(2人前)
スパゲッティ 1.6mm
…180～200g
玉ねぎ…½個(150g相当)
ピーマン…1個
ハム…70g
マッシュルーム
…缶詰の半分(35g相当)
ケチャップ…100g
ウスターソース…大さじ½
サラダ油…大さじ1
コショウ…少々
バター…10g
パセリ…適量

ケチャップとウスターソースは量り、混ぜ合わせておく。

レシピ

1　玉ねぎは薄切り、ピーマンは5mmの細さに切る。ハムは8mmの細さに切る。缶詰のマッシュルームは水気を切っておく。ケチャップとウスターソースは量り、混ぜ合わせておく。

2　1%塩分濃度の湯でスパゲッティを袋の表示時間通りに茹でる。

3　サラダ油大さじ1を入れたフライパンを中火にかけて、**1**の具材を炒める。玉ねぎがしんなりしてきたら、鍋の片側に具材をよせ、空いた場所でケチャップとウスターソースを炒める。焦げないように注意。

4　**3**のフライパンに茹で上がったスパゲッティを入れ、炒める。仕上げにコショウ、バターを入れて完成。盛り付けてパセリを振る。

寝かせる場合
塩分1%濃度の湯でスパゲッティを袋の〝表示時間+1分間〟茹でる。流水にとってザルで水気を切り、サラダ油大さじ½(分量外)をまぶし、冷蔵庫に入れて最低3時間、できれば1晩、寝かせる。

ペペロンチーノ

おいしくつくるコツは1・3〜1・5％の塩分濃度でパスタを茹でること。パスタの量も80gに抑え、少なめの湯で茹でるとつくりやすい。

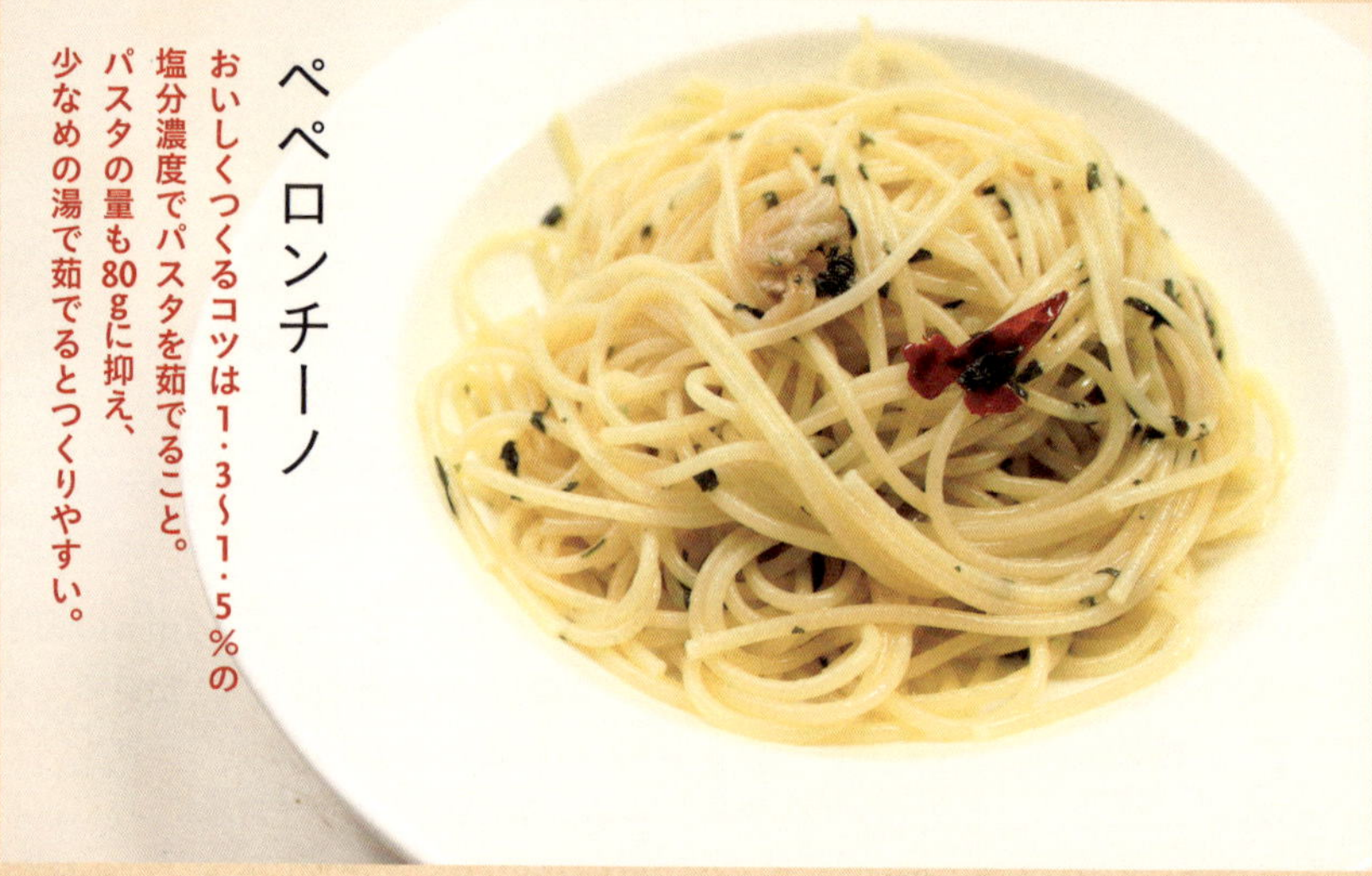

材料(1人前)

スパゲッティ…80g
オリーブオイル
　…大さじ2弱(27g)
ニンニク…8g(1片)
赤唐辛子…1本
イタリアンパセリのみじん切り
　…大さじ1
茹で湯…1Lに対して塩13g

レシピ

1　ニンニクは皮を剥き、厚めにスライスして、芽の部分を竹串で取りのぞく。赤唐辛子は種をとり、小さくちぎる。

2　パスタを茹でるための湯を用意する。水1Lに対して塩13gの塩水をつくり、強火で沸騰させる。火を弱めてからパスタを入れ、袋の表示時間の1分前を目安に茹でる。

3　ニンニクとオリーブオイルを入れたフライパンを弱火にかける。フライパンを傾けてニンニクが油に浸るようにする。ニンニクに火が通ったら(竹串がスッとささるくらい)、赤唐辛子、イタリアンパセリのみじん切りを入れて、火を止めておく。

4　パスタの鍋から茹で汁を50ccをとり、フライパンに加え、中火にかける。茹で上がったパスタを加え、ゴムべらでぐるぐると混ぜる。温めたお皿に盛り付ける。

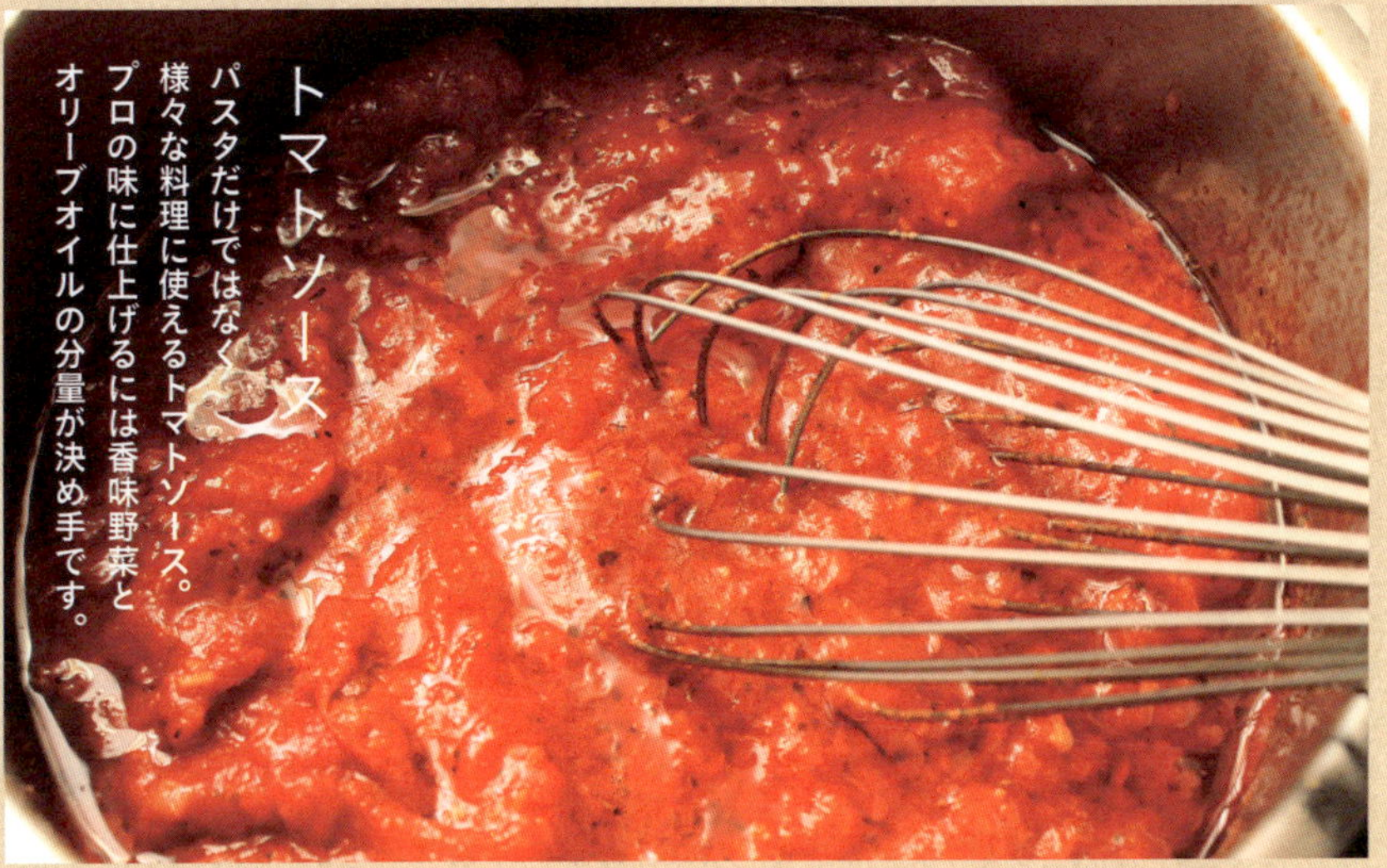

トマトソース

パスタだけではなく
様々な料理に使えるトマトソース。
プロの味に仕上げるには香味野菜と
オリーブオイルの分量が決め手です。

材料（2人前）

ホールトマト缶…2缶
玉ねぎ…4分の1個
（小さめの玉ねぎなら½）
ニンニク…1片
乾燥オレガノ…小さじ1
EVオリーブオイル…大さじ6
塩…出来上がり重量の0.8%

レシピ

1 玉ねぎとニンニクはみじん切りにする。

2 冷たい鍋に油と1の玉ねぎとニンニクを入れて中火にかけ、薄く色づいてくるまで鍋を揺すりながら火を通す。

3 色づいてきたらホールトマトと乾燥オレガノとオリーブオイルを加える。このとき、ザルで蓋をすると、コンロまわりが汚れにくい。沸騰したら弱火にして15分間、煮る。

4 火を止めて泡立て器でトマトを潰す。ソースの重量をチェック（680gが目安）し、その重量の0.8%の塩を加える。今回は（680÷100）×0.8=5.44なので、5.4gの塩。

ナスとトマトソースのフェデリーニ

材料

フェデリーニ…180g
（スパゲッティでもよい）
ナス…1本
トマトソース…220g
バター…20g
バジル…適量

レシピ

1 上記要領でトマトソースをつくる。
2 塩分濃度1%の塩水でパスタを表示時間どおりに茹でる。オリーブオイル（分量外）で一口大に切ったナスを焼き、トマトソース、バター20gを加える。
3 茹で上がった熱いパスタを熱いソースと和える。火を止めて、パスタの茹で汁でソースを調整しバジルを振る。

column

「おいしい」をつくる新常識①

料理上達の第一歩は目玉焼きから

いつも、何気なくつくっている「目玉焼き」。目玉焼きくらいはできる、という方も多いですが、**実は目玉焼きは完璧につくるのが難しい料理の一つです。**

その理由は黄身と白身という異なるタンパク質を、それぞれ適切な温度で加熱しないといけないから。いつもの味で充分に満足という方も、基本に戻って目玉焼きを練習するのはいかがでしょうか。上手にできた目玉焼きはちょっと驚くほどの味です。

おいしい目玉焼きをつくるために、まず知りたいのは卵のこと。スーパーでは白い卵と赤玉と呼ばれる茶色の卵が売られていますが、この違いは鶏の種類によるもので、同じ餌を食べていれば味や栄養価はほぼ同じ。

黄身の濃さはどうでしょう。メディアなどで「黄身が箸でつまめるほど濃厚」という卵を見かけます。たしかに、健康な鶏ほど黄身の膜が強い卵を産みますが、木酢液など酢酸成分を多く含む飼料を与えることで、箸でつまめる卵を人為的につくることも可能。実は味とは関係ありません。

現在、養鶏場では飼料にハーブや海藻を混ぜるなど様々な工夫を施し、オリジナリティを出しています。一般的に輸入のトウモロコシを多く食べさせると黄身の色が濃いこってりした味に。逆に飼料米を食べさせると黄身の色は薄くなり、臭みが少なく、さらりとした味わいになります。

いずれにせよ、**卵の味は飼料×飼育環境で決まります。**安い卵を生産するためには、狭い場所にたくさんの鶏を押し込め、飼料もそれなりのものを与えるしかありません。つまり、**ちょっと高い値段の卵を購入するのがおいしい卵を入手する唯一の方法**、というわけ。あとは濃厚な卵は洋風に、さっぱりした卵は和風にという具合に料理に応じて使い分けましょう。

買ってきた卵は冷蔵庫で保管しますが、**ドアポケットの卵置き場にはうつさないこと。**卵は振動に弱いので、買ったときに入っていたパックのまま安定した場所で保存します。昔は「ざらざらしている卵は鮮度が良く、つるつるだと古い」と言われていましたが、現在市販されている卵は洗卵という工程を経ていることが多いので、あまりあてになりません。

一番は割ってたしかめることですが、**卵を割るときは必ず平らな面に当てるようにします。**細かく砕けた殻が内側に入るリスクを減らすことができるからです。間違ってもボウルの縁などで割らないように。

目からウロコの目玉焼きレシピ

2003年に亡くなったフランスの名シェフ、ベルナール・ロワゾーは、あるテレビの料理番組でこんな目玉焼きのレシピを発表しています。

「バターを溶かした耐熱皿に水小さじ1を加え、塩、コショウを振る。そこに白身だけを流し、ゆっくりと加熱する。白身が固まったら、その上にそっと卵黄を載せ、今度は低温のオーブンで加熱する。卵黄が凝固せずに、しかも充分に温まった状態になったらとりだし、周りにバルサミコ酢を数滴落とす」

この料理番組のホストを務めていた有名シェフのジョエル・ロブションは、この料理を「偉大なシェフの仕事」と絶賛しました。**「白身と黄身を分けて加熱する」**というのはまさにコロンブスの卵的発想。

このレシピと比べると小学校の家庭科の時間で習う「油を入れたフライパンを熱し、卵を割り入れる。少しの水を注いだら蓋をして、弱火で2〜3分間、焼く」という目玉焼きのつくり方は、ずいぶん乱暴な加熱方法だとわかります。

卵を調理する際に、理解しておくべきはタンパク質の凝固温度です。卵黄は65〜75℃で、卵白は60〜80℃で凝固します。特に卵白は80℃を超すとゴム状に硬くなりはじめるので注意が必要です。

卵のタンパク質を凝固させることが目的であれば高温での加熱は必要ありません。理想的な目玉焼きは白身が完璧に固まり、黄身は充分に温まっているが滑らかさを保っている状態。実際につくりながら、説明していきます。

黄身が輝く最高の目玉焼きのつくり方

材料(一皿分)
卵…2個
バター…小さじ1(4g)
塩、コショウ…適量

1 卵をザルに割り入れ、濃厚卵白と黄身をボウルに移す。

割った卵をよく見ると、卵白の部分が二つにわかれています。黄身の近くにある濃厚卵白(粘性が強く、卵を割ると盛り上がって見える部分)と外側にある水様卵白(粘性が弱く、割ると薄く広がる部分)です。これを同時に加熱すると、薄い外側に火が通りすぎ、内側はまだ生という問題が起きます。単に厚さの問題ならいいのですが、濃厚卵白は水様卵白よりも凝固温度が高いのが厄介です。そこであらかじめザルで水様卵白を取りのぞいておきます。

2

弱火にかけたフライパンでバターを溶かし、卵をそっと入れる。

卵のタンパク質の凝固温度を考慮すれば強火である必要はありません。調理科学に詳しいフードライターのハロルド・マギー氏は「焦げずに軟らかい目玉焼きをつくるためのフライパンの温度は、バターの泡立ちが収まり色づく手前、または油に水を一滴落としたときに跳びはねなくなる120℃前後が理想的」としています。バターの15%は水分。この水分が蒸発する際に周囲の熱を奪っていくので、フライパンの温度が上がるのを防いでくれるのです。

3

白身の部分だけに塩を振る。そのまま蓋をせずに3〜4分間程度、じっと待つ。

なぜ卵黄に塩を振ってはいけないのでしょうか。卵黄に塩を振ると塩が卵黄の水分を吸収し、斑点ができてしまうからです。塩にはタンパク質の凝固を早める作用があるので、火が通りにくい濃厚卵白の部分に塩を振るのが賢い選択。塩を振る場所でも均一に凝固させるかどうかが決まります。

4

白身が完全に固まったら、お皿に移す。好みで白コショウを振る。

出来上がったのは黄身が輝く目玉焼き。バタートーストを添え、崩しながら

1　卵をザルに割り入れます。

2　フライパンにバターを溶かし、卵を入れます。

3　白身の部分に塩を振り、凝固させます。

4　白身が完全に固まった状態。出来上がり。

食べるのがおすすめです。

『おいしさ』をつくるメイラード反応

目玉焼きにはもう一つカリっと香ばしさを求めるつくり方もあります。こちらも黄身に火を通しすぎないというポイントは同じ。

違いはメイラード反応（またはアミノ・カルボニル反応）にあります。

メイラード反応という呼び名はフランス人のルイ＝カミーユ・マイヤール（英語読みでメイラード）にちなみます。彼は食品と縁のない内科医でしたが、細胞のなかのアミノ酸と糖類を調べていたところ、1910年頃にこの反応を発見、報告しました。調理で生まれる肉の風味とこの反応の関係がわかったのは彼の死後。今では食品科学のどの本を開いても彼の名前が載っていますが、本人もお墓の中で驚いているかもしれません。

タンパク質を加熱していくと香ばしい風味が出てきます。これがメイラード反応です。ステーキやトースト、コーヒー、チョコレートの茶色もすべてこの反応によるもの。また、この反応は時間をかければ低温でも進行します。みそや醤油などの風味もメイラード反応の産物です。

料理で抑えておくべきポイントは、**温度が高いほどメイラード反応は進む**ということです。特に154℃以上で顕著に進み、温度が10℃高くなると反応は3〜5倍早く進みます。他にpHが高いほど（酸性ではなく中性やアルカリ性ということ）進むことや、水分が10％ほどで起こりやすいことも、またよく似ているカラメル化反応が進む温度は180℃以上ということもあわせて知っておくと便利です。

次に紹介するのは白身をカリッと焦がすことでご飯との相性を良くした「日本の目玉焼き」。そして、それを使った〈目玉焼き丼〉です。

目玉焼き丼のつくり方

材料（1人前）
卵…1個
サラダ油…小さじ1＋大さじ1
ご飯…茶碗一杯（150〜200g）
鰹節…2g（小分けされているかつおパックなら1袋が目安）
醤油…適量

1 **卵をザルに割り入れ、ボウルに移す。**

下処理は同じですが、こちらの料理では水様卵白を取りのぞくことで油はねを防ぐという目的もあります。

2

フライパンを中火にかけ、小さじ1の油を熱し、卵をそっと入れる。

はじめはやや低温、少なめの油で加熱をします。はじめから高温で加熱をすると白身に含まれる二酸化炭素が急激に膨張し、卵が膨らんでしまうからです。

3

卵白が固まってきたら、卵のまわりに大さじ1の油を足す。フライパンの上で熱くなった油をスプーンですくい、濃厚卵白の部分にかけながら、白身の縁が茶色くなるまで加熱していく。火加減は中火のまま。

この工程では多めの油で揚げるように加熱していきます。中火にかけたフライパンの表面温度は上昇を続け、次第に白身の底に焼き色がついてくるはずです。高温での加熱では濃厚卵白の部分に火が入りづらく、そのまま加熱すると火が通った頃には卵黄の一部が凝固してしまいます。そこで、火の通りにくい部分に油をかけながら短時間で加熱します。

4

底に焦げ目がついて、白身が固まれば出来上がり。目玉焼き丼にする場合は、

鰹節をご飯の上に振り、目玉焼きを載せるだけで出来上がり。黄身がとろりとしてご飯になじむ。

手でほぐして細かくした鰹節をご飯の上に振り、目玉焼きを載せる。黄身を崩してから、醤油を垂らす。

白身に醤油を振っても、下に落ちるだけです。必ず黄身を崩してから醤油を垂らしましょう。

白身は香ばしいのにふっくらして、黄身は滑らかさを保ったままというのが理想です。この目玉焼き丼の味をレベルアップさせる脇役は鰹節。実は卵には強い旨味は期待できません。卵の味はコク味や脂肪のおいしさ。そこに鰹節（イノシン酸）と醤油（グルタミン酸）の最強タッグの旨味を足すことで、目玉焼きの味はさらに深まります。

白身は香ばしく、黄身が半熟の状態というのは、ステーキの場合だと外側はカリッと火が通り、中心はレアの状態。タンパク質の変性温度を理解し、適切な温度で加熱をすることは、他のすべての加熱料理とも共通する大事なポイントです。繊細な卵の味わいを生かすか、香ばしさを強調するか。明確な仕上がりをイメージすることで、調理のブレも少なくなります。いつも何気なくつくっている料理だからこそ、原理原則を理解することで、格段に違うおいしさと出会えるはずです。

参考文献／『マギー キッチンサイエンス ―食材から食卓まで―』（ハロルド・マギー著 香西みどり他訳 共立出版）

パラッとして香ばしい

王道チャーハン

家庭用コンロの火力では水分が飛ばず、べたつきの原因に。炊きたてのご飯なら冷まして使うのがコツ。さらにパラリと仕上げるには、炒め方にポイントがあります。

調理の新常識

旧 ご飯をお玉でつぶすように炒める。

←

新 パラパラにするには木べらで切るように混ぜて炒める。

手軽につくれて、味は本格的なチャーハン

シンプルな卵チャーハンです。

コクを出すためにラードとサラダ油を半々に混ぜてつくったネギ油を使っていますが、普通のラードでも大丈夫です。好みでネギの半量をはじめに炒めれば香りが出ます。

チャーハンづくりのポイントは、米の粘りを出さないこと。

米に水を入れて煮るとデンプン糊ができるように、粘りの原因は水分です。普通は炊き上げたご飯をそのまま使いますが、このレシピでは、**炊き上げたご飯を冷蔵庫で冷やすことで表面の水分を飛ばしています。**

また、米は温度が下がると粘りを失います。これを調理科学ではデンプンの老化といいますが、チャーハンには好都合。ただ、フライパンの温度が下がると水分が蒸発してくれないので、冷やご飯はあらかじめ電子レンジで温めておくことが大事です。

チャーハンに具材を加えるときも、水分を考慮する必要があります。例えば卵(特に白身)はほとんどが水分。卵とご飯を炒め合わせる際は、粘りが出ないように注意することが大切です。

米同士が重なっていると水分が飛ばないので、平たく伸ばすのがコツ。

実はこの原理、寿司飯をつくるのとほとんど同じです。

寿司飯は炊きたてのご飯に酢を混ぜたら、切るように混ぜますが、同じように、**チャーハンをつくるときも切るように混ぜて、粘りが出ないようにします。**

一生懸命炒めようと木べらで米を潰すと粘りの原因に。お米は優しく扱いましょう。


卵に火が入って、ご飯がパラパラになったら、火は中火に落とします。

本職の中華料理人は鍋をあおって、鍋肌の温度を下げていますが、米をべたつかせる卵の水分さえ飛んでしまえば、その後の作業を強火で進める必要はありません。炒めすぎには注意。

パラパラしつつも、米の内側には充分水分が残っている状態が理想。シンプルな卵チャーハンもこだわりはじめるとなかなか奥が深い料理です。

王道チャーハンのつくり方

材料(2人前)
冷やご飯…400g
卵…2個
ネギ油(またはラード)…大さじ2
ネギ…半本(50g)
塩…4g
醤油…小さじ½

事前準備
ご飯は普通に炊き、バットに広げてラップをかけて、冷蔵庫に入れておいたものを使う。

レシピ

1　卵はよく溶き、ネギはみじん切りにしておく。冷やご飯は電子レンジ600wで3分ほど温めておく。

2　フライパンを火にかけて、ネギ油大さじ2を溶かす。そこに卵を入れ、すぐにご飯を混ぜる。酢飯をつくるときの要領で切るようにご飯を混ぜながら炒めていく。

3　ご飯がパラパラになったら中火に落とし、ネギを入れて、さらに炒める。塩、醤油で味付けする。

ネギ油

材料(つくりやすい分量)
ネギ…青いところ　1本分
玉ねぎ…20g
生姜…10g
ラード…100cc
サラダ油…100cc

レシピ
ネギの青いところ、玉ねぎの切れ端、生姜、ラード、サラダ油を小鍋に入れ、中火で加熱する。こんがりと色づいたらそのまま冷まし、ザルでこす。

冷やご飯は炒める前にあらかじめ電子レンジで温めます。

簡単チャーシュー

煮てから焼くので、やわらかい仕上がりに。
チャーハンの具材に入れてもＯＫです。

材料（2～4人前）
豚肩ロース…300～400g
水…1L
生姜…適量（薄切り2枚程度）
ネギの青い部分…適量
醤油…50cc
はちみつ…30g

レシピ

1　鍋に豚肩ロース、水、生姜、ネギの青い部分を入れて、強火にかける。沸いてきたら、弱火に落として、1時間～1時間20分煮る。

2　肉を取りだし、中火にかけた油を敷かないテフロン加工のフライパンで表面をあぶるように焼く。軽く焦げ目がついたら醤油とはちみつを混ぜたタレをかけて、とろみがつくまで軽く煮詰める。

3　袋にタレごと肉を入れ、冷ます。保存は冷蔵庫で3～5日。

残りものでスープをつくる
豚の煮汁は熱いうちに鰹削り節を2g加えて、1分待ってからこす。こした煮汁600ccに対して醤油大さじ2、ネギの小口切り、好みで塩ひとつまみ加えるとチャーハンによくあう絶品スープに。

親子丼

染み込む味と抜群の滑らかさ

実は丼物の中で一番難しいのが親子丼です。なぜなら、鶏肉は煮込みすぎると硬くなり、米粒の食感と離れてしまうから。具材の大きさを揃えることがポイントです。

調理の新常識

旧 鶏肉を~~一口大~~に切る。

← 新 **5～7mm程度に小さく切る。**

旧 丼出汁に~~すべて~~の溶き卵を流し入れる。

← 新 **卵は二度にわけて加えると半熟トロトロに。**

通常は一口大の削ぎ切りにしますが、鶏肉をかなり小さく切り、米の粒子に近づけます。

丼物のカギは具材の大きさだった

丼物はかき込んで食べるので、食材の硬さや大きさが揃っていることが原則。例えば牛丼に使う牛肉が硬いとおいしくないですよね？

丼物は具材の硬さや大きさが近い＝粒子が揃っていることが重要です。

一説には丼物をかき込んでいる状態の脳はアドレナリンが出る『ランナーズハイ』と同じ状態になるそう。つまり、上手につくれば夢中で食べてもらえるということ。

丼物もいろいろとありますが、一番難しいのが親子丼です。というのも鶏肉は煮込みすぎると硬くなり、米粒の食感と離れてしまうから。

そこで考えたのがこのレシピ。

秘密は、**鶏肉をあらかじめ小さく切っておくこと。**

硬さや粒子を米粒にあわせるのがポイントです。

まずは、丼出汁《だし》をつくります。弱めの火加減で昆布を煮ますが、それは昆布のグルタミン酸が抽出される温度が60度だから。

出汁に鰹節は使いません。鰹節の旨味成分は鶏肉と同じイノシン酸なので、味が重なってしまい、鶏肉の味が弱くなってしまうからです。

白身と黄身が分離した状態で使うのが成功の秘訣。ほかの卵とじ料理にも応用できます。

丼出汁に鶏肉を入れてからも、火加減は弱火を守ります。鶏肉の中心温度は70度くらいを目指して加熱します。

親子丼の専門店では大きな鍋で鶏肉と丼出汁を煮て、冷ましておき、注文が入るたびにそこから1人前ずつとって、溶き卵を入れて火を通しています。大きな鍋で加熱をすると温度の上昇はゆるやか。たくさんつくることで具材にゆっくりと火が通る、というわけ。

これがお店の親子丼の鶏肉がおいしい理由ですが、たくさんつくれない家庭では弱火で加熱すればこの状態に近づけることができます。よく「カレーはたくさんつくるとおいしい」と言いますが、これも同じ理由です。

卵とじにもポイントが二つあります。

1、鶏卵は常温に戻しておく
2、鶏卵は溶きすぎないようにする

卵は冷蔵庫から取りだし、常温にしておくと火の通りがよくなります。ではなぜ卵を溶きすぎてはいけないのでしょうか？

卵とじのおいしさは、**白身がある程度しっかりと固まったところに、滑らかな黄身が絡む部分にあります。**

卵をよく混ぜて均一にしてしまうと、単調な味になってしまいます。味が不均一になることで、食べ飽きないのです。

最初はタンパク質の凝固温度が高い白身を中心に加熱し、それから残しておいた黄身を混ぜるようにすると失敗がありません。

今回は鶏肉だけでシンプルに仕上げていますが、もちろん、玉ねぎや長ねぎなど他の野菜を加えてもＯＫ。

しかし、やはり具材の硬さにバラツキがでないように、入れる場合は薄切りがベストです。

親子丼のつくり方

材料(2人前)

鶏肉(もも肉)…1枚200g前後
溶き卵… 4個分(常温に戻す)
丼出汁
　醤油、みりん… 各50cc
　砂糖… 大さじ2
　水… 100cc
　だし昆布…5cm角1枚

沸いている丼出汁に、溶いた卵を流し入れます。白身のほうが重いため、先に鍋に流れていくので、黄身の部分は少しだけ残しておきましょう。蓋をしめて、一呼吸を置いてから火を止めます。

レシピ

1　丼出汁をつくる。醤油、みりん、砂糖、水、昆布を鍋に合わせ、中弱火にかける。煮立ったところで、昆布を取りだす。鶏肉は筋を取りのぞくようにして、5～7mmの細切りにし、次にそれを5～7mmの角切りにする。卵は軽く溶いておく。

2　丼出汁に鶏肉を加え、中弱火でゆっくりと加熱する。沸騰したら、アクをとる。

3　沸いているところに卵を加える。このとき黄身を少しだけ残しておく。蓋をして、一呼吸置いたら火を止め、3分間蒸らす。

4　鍋の蓋を開け、残りの黄身を流す。ご飯の上に盛る。

ふんわり、中はとろ〜り

最高のオムレツ

やわらかい、ふんわりしたオムレツ。牛乳、バター、生クリーム……。これらの材料は必要なのでしょうか？　新レシピでは最小限の材料で最高の味をつくります。

調理の新常識

旧 溶き卵に牛乳を加え、混ぜる。

新 溶き卵に塩を加えて放置するとふんわり。

ワンランク上のオムレツをつくるコツ

朝ご飯にオムレツを食べるといいのは栄養を摂取できるだけではなく、卵の黄色が人を元気にする色だから、と言われています。

ホテルで食べるような完璧なオムレツをマスターしましょう。

まず卵を割って、溶きます。このとき、卵のコシがなくなるので泡立て器を使うな、という人がいますが、その指摘は的外れ。ふんわりした仕上がりのためには空気が入ったほうがいいのです。ポイントは白身と黄身という凝固温度の異なる物質を均一にすること。そのためには泡立て器を使うのが一番です。

左が塩を入れた卵で、右が入れてない卵。色が違うのがわかりますか？　塩を入れた卵の色が濃くなったのは、塩を加えることでタンパク質の網目が緩み、そこに光が通るようになったから。

今回はさらにふんわりとした仕上がりにする秘密のコツを伝授します。

それは、**卵3個に対して塩小さじ¼を加えたら、15分間放置すること。**

塩を加えることでタンパク質の網目構造が緩まり、ふんわりとした仕上がりになります。オムレツのレシピにはたいてい牛乳や生クリームが入っていますが、15分前に塩を加えるだけで充分においしいオムレツになります。ダマされたと思って試してください。ちなみに牛乳や生クリームなどの副材料を加えると成形は難しくなりますが、ふんわり感はより増します。

オムレツの固さ、やわらかさの好みは人それぞれ。ボウルに取り出して混ぜると調整がしやすいです。

例えば水や炭酸水を加えると加熱した際の蒸気が増え、大きな気泡ができるので軽く仕上がります。ただ、味が薄くなるのが難点です。

牛乳は水と同じようにふわふわ感を増し、さらに牛乳に含まれるタンパク質が卵のタンパク質の結合を阻害するので、やわらかめに仕上がります。牛乳＋脂肪である生クリームはよりリッチに。脂肪分によってタンパク質の結合がさらに阻害され、より滑らかになります。生クリームがなければバター＋牛乳でも同じようにできます。

というわけでオムレツを焼くときはバターを使うのがオススメ。バターの脂肪分がやわらかさに貢献し、さらにフライパンの温度を下げるので、卵の半熟状態がつくりやすいからです。

火加減はどうでしょうか。焦げ目はあまりつけたくありませんが、火が弱いと水蒸気による気泡ができないのでふんわり感が出ません。そこである程度、強い火力が必要です。とはいえ温度を上げるほど焦げるリスクも加熱のしすぎによって水分が抜ける失敗の確率も上がります。技量にあわせて調整してみてください。

もしも、半熟にする工程が上手にできなければ、一度ボウルに取り出して、箸で攪拌すれば細かなスクランブルエッグ状になります。これをフライパンに戻して、成形すれば大丈夫。つまり、オムレツは薄い卵の層に包まれたスクランブルエッグ。この理屈がわかれば後は練習あるのみです。

最高のオムレツのつくり方

材料（1皿分）
卵…3個
塩…小さじ1/4（1g）
（親指、人差し指、中指の3本でつまむとだいたい1gです）
バター…大さじ1（12g）

レシピ

1　卵は割って、塩を入れてよく溶く。15分ほど置いておく。

2　テフロン加工のフライパンを中火にかけ、バターを溶かす。適温（箸の先に卵液をつけ、底をひっかいたときにすぐに固まるくらい）になったら卵液を流し込む。

3　フライパンを前後にゆすりながら、菜箸で手早く混ぜる。卵液は外側から固まってくるので、その部分を内側に寄せるようにするとよい。

4　半熟になったら一呼吸置き、底の部分に薄い膜をつくる。横に巻き込んでいき、木の葉型に成形する。

5　箸で底から持ちあげるようにして反対側にオムレツを転がす。反対側が焼けたら、もう一度元の場所に戻す。

6　フライパンと皿をV字になるように近づけ、滑らせるようにしてオムレツを皿に盛り付ける。

フライパンの奥で形をつくるのが正統派ですが、横で成形するほうが簡単です。

スクランブルエッグ

朝食の定番スクランブルエッグ。
オムレツより気楽につくれます。

材料（2人前）

卵…3個
生クリーム…大さじ1
（または牛乳大さじ2）
塩…少々
白コショウ…少々
バター…10g

レシピ

1　ボウルに卵を割り入れ、生クリームまたは牛乳、塩、白コショウを加え、よく混ぜる。

2　小さく切ったバターを加え、ボウルを湯煎にかける。ゆっくりと根気強く、ゴムべらでかき混ぜながら加熱する。理想は70～72℃（フォークにやっとのるくらいの濃度）。

ゆっくりと時間をかけて加熱することでリッチでクリーミーな味になります。

column

「おいしい」をつくる新常識②

料理の肝「塩梅」を キュウリもみでマスター！

今回つくる『キュウリもみ』は見た目は地味ですが、料理の肝**『塩梅(あんばい)』**を理解するのに最適な料理。

塩梅とは昔、味付けの基本だった塩と梅酢のことですが、今では味付け加減全般を表す言葉です。味付けの練習のつもりで挑戦してみてください。

まずはキュウリの選び方から。

キュウリは夏が旬で、栄養はあまりありませんが、水分補給にうってつけの野菜です。**表面にトゲがあり、淡い緑色で、整った形のキュウリを選びましょう。**

「このキュウリは曲がっているけど、無農薬のおいしいキュウリです」という売り文句がありますが、キュウリは健康であればまっすぐに育ちます。曲がる理由は何かにぶつかったたか、生育途中の水分や養分の過不足。多少の曲がりは味に影響しませんが、**あまりに曲がっているキュウリは生育不良のため、えぐみや苦みなどが強い可能性が高いです。**

キュウリもみのつくり方

材料（2人前）
キュウリ…1本（120～150g）
乾燥ワカメ…1g（水で5分戻す）
塩…キュウリの重量の1％
米酢…小さじ2

1
キュウリはへたを切り落とし、小口切りにする。

昔のキュウリはへたのまわりが苦かったので、その部分を剥く必要がありましたが、現在のキュウリは品種改良が進み、ほとんど苦くないので、硬い部分を切り落とすだけで大丈夫。ちなみにこの苦みはキュウリが害虫を遠ざけるために自ら生成するククルビタシンという成分で、大量に摂取すると有害です。また、キュウリを日向に放置しておくとギ酸が増えて、渋くなります。その場合にはキュウリに塩を振って、まな板の上で転がします。

これは「板ずり」という技法で、この作業を行うと表面からギ酸が溶出し、苦みを感じにくくすることができます。コールドチェーン（低温流通）が確立した現

1 包丁の刃先の薄い部分を使い、小口切りにします。

在では**ほとんど必要のない下処理**ですが、夏場の日向に放置したキュウリを使う場合には有効です。

キュウリの薄さは１㎜が目安。あまり厚いと塩が入っていかず、薄すぎると食感がなくなります。こうしたやわらかい野菜を切る場合、包丁は刃先の薄い部分を使うと、摩擦が減り、断面がきれいになる＝口当たりがよくなります。逆にニンジンなどの硬い野菜を切るときは根本に近い部分を使うのが基本です。小口切りはスライサーを使っても同じようにできます。包丁とスライサーで比較実験をしても味の差がわかる人はほとんどいないようです。包丁が苦手なら迷わずスライサーを使いましょう。

2 キュウリの重量の１％の塩を振って手で和え、５分置く。

キュウリの重量の１％の塩と書きましたが、実はキュウリの厚さによって塩加減は異なります。厚みがあると食塩の浸透が遅くなり、脱水が進まないからです。薄く切れないという人は塩の量を１・５〜２％に増やし、５分置いて軽く絞ってから使うといいでしょう。しかし、水気と一緒にキュウリの味は抜けてしまうので、この料理の本当のおいしさは味わえません。

実際の料理ではいちいち量ってはいられませんから「これくらいの量！」と

2　塩を振って手で軽く和えます。

3　キュウリの水分が出てきたところで酢を加えます。

いうのを覚えておきます。はじめはしょっぱかったり、物足りなかったりするかもしれませんが、繰り返しつくっていくうちに自然に上手にできるようになります。

キュウリもみという名前ですが、**手で軽く和えるだけでもみ込む必要はありません。**この状態でもみ込むとキュウリが割れてしまうので、塩を振って置いておくだけでOK。

量が少ない場合は直接、塩を振りますが、たくさんのキュウリを仕込む料理屋などでは「立て塩」といって、3％の塩水に漬け込むことがよくあります。塩水を使うことで均等に浸かるからです。

料理屋さんでは「立て塩で殺す」と物騒な言い方をしますが、味が抜けるというデメリットもあるので、状況に応じて使い分けます。

3

キュウリがしんなりとしたら、味見をしながら酢小さじ2を加える。

塩を振っておいただけで、なぜキュウリはしんなりするのでしょうか。

これには浸透圧が関係しています。浸透圧とは異なる濃度の液体が同じ濃度になろうとする力のことで、この場合は外側の高い塩分濃度を薄めようと、キュウリの細胞から水分が出てきます。

4　水で戻した乾燥ワカメを加えて混ぜます。

キュウリをはじめとする野菜の細胞溶液の濃度は食塩だと0・85％と同じくらい。つまり、0・85％より濃い液体に浸けておけば、キュウリからは水分が出てきますし、逆に薄い液体（例えば水）に浸けておくと、細胞の内部に水分が入ってきて、細胞が膨らみ、野菜はシャキッとします。だから、サラダをつくるときには野菜を事前に水に浸けておくのです。

4

乾燥ワカメを加えて混ぜる。味見をしながら塩と酢の加減を調節する。

酢を加える前にキュウリを食べてみると、キュウリの味と塩味だけで、どこかぼんやりとした味です。ところがここに酢を少しずつ加えていくと、輪郭がはっきりとしてきます。「味が調う」ということがよくわかるはずです。

もしも、塩を入れすぎた場合は水を足して、塩分濃度を薄めますが、キュウリの味は薄まってしまいます。つまり、塩は入れすぎるとリカバーがきかないのです。

一般的に塩と酸は適度な濃度においては、相互に風味を強め合う性質があるので、普段の料理で塩気が足りないと感じたときには、塩を振るよりレモン汁や酢を振ることを考えてみるといいでしょう。ちょうどいい具合になれば「いい塩梅」です。

5　富士山の形をイメージして盛り付けします。

他の材料を使っていないので、ここは真剣勝負。もちろん、ここにごま油や生姜を加えることもできますし、出汁を入れればもっと簡単なのですが、そうするとキュウリの小さな声が聞こえなくなってしまいます。

ここは練習と思って、塩梅だけで勝負してみてください。

5

中心が山になるように器に盛り付ける。

鉢に盛るときは、あらかじめボウルのなかで形をつくってから盛り付けます。中心が高くなるように盛る山形は和食の盛り付けの基本。イメージするのは富士山の形です。ボウルの底にキュウリのジュースが溜まっているはずですが、この部分の味付けが決まっていればいい出来です。

酢と塩の分量を一応、出していますが、味付けの加減は好み。自分にとってベストの味を見つけることが、料理上手になる第一歩です。

さて、この「キュウリもみ」は野球でいえば素振り。基本ですから上手にできることは前提条件。毎日のおかずにするならキュウリにはちょっと後ろに下がってもらい、ゴマや醤油などの強い調味料を加えたおかず

キュウリもみの応用でキュウリのゴマ和えが完成。

「キュウリのゴマ和え」がいいでしょう。同じようにきゅうりもみをつくりますが、こちらはキッチンペーパーなどで絞ります。キュウリの味を抜き、味が入る余地をつくるのです。和え衣は、すりごま20g、米酢30g、上白糖15g、醤油5gを混ぜ合わせます。キュウリには塩気がついているので、ここで入れた醤油は和え衣の味付けのためです。

西洋のサラダは素材には味をつけずに、ドレッシングで味付けしますが、日本料理の和え物は、主素材は主素材だけで、和え衣は和え衣だけで充分においしい状態にしておくのがポイント。白和えにしても、ゴマ和えにしても、あくまで混ぜるのではなく、和える。**和えるとは一つにするのではなく、「1＋1＝2」にすることです。**したがってあまり混ぜすぎないようにしましょう。

酢が入っているので、あまり長い間、置いておくと色が褪《あ》せてきます。必ず食べる直前に和えるようにしてください。何事もタイミングが重要です。

和え物はあまり冷たくしすぎないでください。歯が浮くような冷たさの和え物はいいものではありません。夏場はキュウリでつくりますが、セロリを使ってもよく、春はキャベツを使います。つくり方は同じです。

参考文献／『キュウリに含まれるギ酸の部位別分析と味覚特性』（日本栄養・食糧学会誌66巻第5号 金子真紀子、三宅正起）
『調理学』（化学同人　青木美恵子編）

野菜料理

旨味をぎゅっと凝縮

青菜の炒め物

中華料理屋さんの定番メニューの一つですが、家でつくるとシャキッと感が足りないと思ったことはないでしょうか。強い火力がなくてもおいしく仕上がる！　決め手は日本酒でした。

調理の新常識

旧 強火で手早く炒める。

新 シャキシャキにするには日本酒を加え、蓋をして1分間加熱。

火の通し方に炒め物の極意があった！

このレシピでは夏が旬の空芯菜（クウシンサイ）を使っていますが、秋には青梗菜（チンゲンサイ）が、冬には小松菜やほうれん草が出てきます。春先の春菊を使ってもいいですし、施設栽培の豆苗（トウミョウ）であれば年中、同じように炒め物にすることができます。

炒め物の成功の秘訣は水切りです。

野菜の表面に水分が付着していると、フライパンの表面温度が下がってしまい、結果として加熱時間が余分にかかって、火が通りすぎる＝水っぽい仕上がりになってしまいます。特にたくさんの量の野菜を炒める場合には水切りは重要です。

フランス語で料理の準備や下処理のことをミザンプラス（mis en place）と言います。直訳すると「あるべき場所にものを置く」。日本語にすると「配置」でしょうか。炒め物は数分で勝負がつくので、慌てないように調味料や道具は手元に並べておくことが大事。

塩の量の目安は親指、人差し指、中指の3本の指でつまんだ量がだいたい1〜1.5gと言われています。なので軽く二つまみくらいが目安。とはいえ男性と女性、性

ニンニクの量は好みです。ニンニクが苦手ならネギや生姜を使ってもいいでしょう。

格が大胆な人と慎重な人では異なるので、量るのが一番ではありますが……。まずにんにくを加熱していきます。油の量はやや多め、炒め物は油をたっぷり使います。この油が食材のまわりに付着することが、高温、短時間での加熱に繋がるからです。

炒め物は中国料理の基本ですが、この調理法の特徴は野菜をいきなり70℃以上の温度で熱すること。そうすることで酵素の働きを抑え、色が悪くなるのを防ぎ、栄養素の損失も最小限に抑えます。

炒め物の目標は野菜のポリポリとした食感を残しつつも、食べられるやわらかさになっていること。野菜がやわらかくなりすぎて、水っぽくなってしまったら失敗です。

失敗の原因は加熱のしすぎがほとんど。野菜に火が通りすぎると、細胞壁が壊れ、なかから水が出てきてしまうので、それよりも前の段階で加熱を止める必要があります。

コツは野菜を一種類ずつ炒めることです。

火の通り方がバラバラの野菜を同時にゴールさせるには技術が必要。完璧な味にするためには一つに集中しましょう。

フライパンに接している底にある野菜は加熱されますが、上部にある野菜は加熱されません。そこで酒を加え、蒸気の力で一気に火を通します。加熱時間が短くなり、結果として炒めすぎを防ぐことができるのです。

水と違ってアルコールは沸点が低いのですぐに蒸発させることができ、水っぽくなりません。

プロは鶏ガラスープを早い段階で加え、蒸気の力で火を通します。しかし、中国料理店のように高温の火力で鶏ガラスープを蒸発させる手法は、家庭のキッチンの火力では不可能です。従来のレシピでは蓋をせずに強火で混ぜながら炒めるのが一般的ですが、新しいレシピでは**あらかじめフライパンを熱し、そこに日本酒を加え、蓋をして一気に加熱します**。

中華料理店のなかには下茹でした野菜を炒めているところもあります。たしかに下茹ですれば効率よく加熱できるので、最終的な加熱時間は短くできます。しかし、味が抜けるのも確か。野菜の味が抜けると、化学調味料をはじめ外から味を加える必要が出てくるので下茹でする必要はないでしょう。

あらかじめ用意しておいた調味料は仕上げのタイミングで加えます。野菜に火が通ってから調味料を加えることがポイントで、浸透圧によって野菜から水分が出てくることを防ぐことができます。

スタートからゴールまでの所要時間はおよそ3分。水分の多い野菜は火が通るのが早いので、九分通り火が通ったら皿に移します。そうすると食べる頃には余熱でちょうどよく火が通っているはずです。

青菜の炒め物のつくり方

材料（2人前）
空芯菜…200g（一パック）
ニンニク…1片分
赤唐辛子…1本（種を抜く）
植物油…大さじ2（今回はごま油）
日本酒…50cc
塩…2g
醤油…小さじ½

レシピ

1 空芯菜は4cm幅に切り、水でよく洗う。

2 ザルに上げて水気をよく切る。

3 調味料を量って、フライパンの横に並べる。

4 フライパンにごま油大さじ2、ニンニク1片分のスライスを入れて、中火にかける。

5 ニンニクがかすかに色づいたら火を強めて、赤唐辛子と空芯菜を加える。

6 軽く混ぜてすぐに日本酒を加え、すぐに蓋をして1分間加熱する。

7 蓋を開けて、混ぜながら調味料（塩、醤油）で味をつけていく。九分通り火が通ったところで器に盛り付ける。

野菜に火が通ってから調味料を加えることがポイント。そうすることで水が出るのを抑えます。

野菜料理

香ばしくて甘い

ニンジンのロースト

メインディッシュのつけ合わせで彩りを添えてくれるニンジン。茹でることが多いのですが、ニンジンの風味は水溶性なので、焼いたほうが断然おいしいのです。

調理の新常識

旧 ~~やわらかくなるまで茹でる。~~

←

新 アルミホイルで包み焼きにすると風味が凝縮。

ニンジンは焼いたほうがおいしいのはなぜ？

野菜スープをつくるとき、玉ねぎやニンジンは欠かせない野菜。水とニンジンを火にかけて、鍋でコトコトと煮出すだけでおいしいスープになります。

これはニンジンからエキスが溶けているのです。たまにつけ合わせでのっているニンジンが美味しくない理由はたいてい茹でているから。

ニンジンの風味化合物の多くは水溶性なので、ニンジンそのものを食べるなら焼いたほうがおいしいのです。

ニンジンはへたを除去し、皮ごと、または皮を薄く剥き、4等分にカットします。実は市販されているニンジンは皮の硬い部分はすでに取りのぞかれているので、よく洗ってから使えば問題なし。時々「農薬が気になるから……」という人がいますが、ニンジンは土のなかで育つ野菜なのでその心配もありません。

ときどき、レストランなどで面取りしたニンジンを見かけますが、フランス料理の巨匠、ジョエル・ロブションは「それではいちばんおいしい部分を取り去ることになる」として「形を整えるという過ちは犯さないこと」と注意しています。

ニンジンを焼く調理方法は二つあります。オーブンでそのままローストする方法と、アルミホイルで包み焼きにするアプローチです。

袋にしたアルミホイルに食材と水分を入れ、オーブンで焼く手法はあらゆる野菜に使えます。

前者は水分が飛んで味が凝縮され、香ばしい仕上がりになり、後者は水分が残るため、やわらかい仕上がりになります。今回はアルミホイルで包み焼きにします。

ニンジンと相性がいいのはバターですが、オリーブオイルでも同様につくれます。ただしオリーブオイルを使う場合はこの後で加える水分の分量を少し増やしましょう。

アルミホイルを半分に折りたたんで、上下を折り込んで袋をつくります。

そこに加えるのは、オレンジジュース。オレンジジュースではなくて、白ワインでもちょっと変わった風味が楽しめます。水でもいいのですが、旨味を逃さないためにはニンジンの水分よりも濃い濃度の液体がベターです。

口を閉じて、180℃に温めたオーブンで40分間、蒸し焼きにします。180℃の根拠はなんでしょうか？

メイラード反応が早く進む温度が154℃以上、カラメル化が急速に進む温度が約180℃ということを思い出してください。これが多くのオーブン調理で180℃が目安となっている根拠です。

つまり、あまり焼き色をつけたくない場合は150℃以下で加熱し、逆に焼き色をつけたい場合はオーブンの温度を180℃以上に設定すればいいということ。

焦げ目はオレンジジュースとニンジンのエキスが凝縮した結果。

アルミホイルに包んだ場合、内側の温度は100℃までしか上がりません。ただし、アルミホイルと天板が設置している部分は別で、180℃のオーブンでは天板は最終的に約180℃になります。

つまりこの調理法は、**上部は水分で蒸して、底は焼いている状態になるのです。**

焼き上がったら、アルミホイルを破って中を確認しましょう。つやつやでいい感じですね。ニンジンの下側には少し焦げ目がつき、香ばしくなっていれば上出来です。

仕上げに粒の大きい塩をほんの少し振りかけます。いいニンジンであればミネラル分があるので、塩はいらないくらい。薄めの味付けがニンジンの味を引き立ててくれます。

玉ねぎやアスパラガスも焼いたほうがおいしい野菜です。特にアスパラガスは茹でられることの多い野菜ですが、茹で汁を味見してみると、アスパラガスの風味を感じます。これはつまり、風味が水に溶けているということ。焼いたアスパラガスに目玉焼きか温泉卵、スクランブルエッグを添えると絶品です。

ニンジンのローストのつくり方

材料（2人前）
ニンジン…2本
バター…12g
オレンジジュース…大さじ1
大粒の塩（フルール・ド・セルなど）
…適量

レシピ

1 ニンジンはピーラーで皮を薄く剥くか、よく洗い、頭とお尻を切り落とす。縦に4等分する。

2 アルミホイルを大きめにとり、ニンジンとバターを置いて、折りたたむ。角を折りたたんで袋状にして、オレンジジュースを注ぐ。残りの角を折って、完全に包む。

3 180℃のオーブンで40分間焼く。袋を開けて、塩をほんの少し振る。

アルミホイルで完全に包んだ状態。180℃に温めたオーブンで40分間、焼きます。

玉ねぎのロースト

焼くことで甘さが引き立つのはもちろん香ばしい香りが食欲をそそります。

材料（2人前）

玉ねぎ…2個
バター…20g
グラニュー糖…適量
塩…適量
生ハム…適量

レシピ

1 玉ねぎはそのままアルミホイルに包み、150℃のオーブンで1時間じっくり焼く。

2 頭とお尻を落として、皮を剥く。

3 フライパンにバターを溶かし、グラニュー糖を薄く振りかけ、中火で玉ねぎの片面に焦げ目をつける。

4 ほんの少し塩を振り、皿に盛る。好みで生ハムを添える。

まるごと玉ねぎをアルミホイルに包み口を閉じて、蒸し焼きにします。

アスパラガスのロースト

水溶性のため、茹でるより焼くのがベター。最適な調理法はバターで焼くことです。

材料（2人前）

アスパラガス…8本
バター…10g
オリーブオイル…大さじ½
マッシュルーム…2個(スライス)
トリュフオイル…(あれば)少々
セルフィーユ…適量

トリュフオイルはオリーブオイルに香料を添加したもの。手軽な値段でトリュフの香りを楽しめます。

レシピ

1　アスパラガスは根本の硬い部分の皮を剥く。鮮度が落ちていれば10gの砂糖を溶かした200ccの水に20分浸けてから使う。

2　蓋ができるフライパンか鍋を中火にかけて、バターを溶かす。溶けたところでアスパラガスを入れ、オリーブオイルを補い、蓋をして蒸し焼きにする。加熱時間は1分間。

3　蓋を開けて、軽く塩を振り（分量外）アスパラガスを転がし、もう1分間加熱する。マッシュルームのスライスを加えて、好みでトリュフオイルをほんの少量振りかける。

4　皿に盛り、足りなければ塩を補う。セルフィーユを添える。好みで目玉焼きなどを添えるとよい。

野菜料理

塩気を利かせた

茹で上げブロッコリー

ブロッコリーは、どの部分まで食べられるのでしょうか？　調理のときに気をつけるべきポイントとは？　なぜ茹でたほうがおいしいのでしょうか？

調理の新常識

旧 茹でたブロッコリーを水に浸す。

←

新 風味を残すため塩茹でしたブロッコリーを逆さに置き、水を切る。

なぜ、茹でるとおいしいの？

『ニンジンのロースト』（p.94参照）で、玉ねぎやニンジンは茹でるよりも焼いたほうがおいしい、という話をしましたが、茹でたほうがおいしい野菜もあります。

例えばインゲンは中国料理で炒め物にする場合も、茹でてから炒めるのが普通ですし、フランス料理で「アングレーズ」といえば茹でたインゲンにバターを絡めた料理。バターでインゲンを焼いたりはしません。

科学的な原理がわかっていなくても、昔の人たちは経験則的に正しい料理法を知っていたのでしょう。

ブロッコリーも風味の一部が脂溶性なので、茹でるのがベター。

とはいえ、風味を残して茹でるにはちょっとしたコツがあります。

ブロッコリーの軸はなるべく残すようにしてください。軸もおいしいのですから切り落としてしまうのはかわいそう。

軸の部分に包丁を入れて、後は手で割るようにすると、自然な仕上がりになりますし、花蕾（ブロッコリーの緑の部分は花のつぼみです）の部分がぽろぽろと崩れにくいので、台所が汚れません。

ブロッコリーは触ってみて硬く締まっているものがおいしいです。大きいものは熟度が高く甘いとされています。

花蕾の部分を半分に切り、さらに半分に切ります。つまり4分の1の大きさにカット。

茹で上げブロッコリーは軸の歯ごたえのある触感と花蕾のやわらかさのコントラストがおいしさのポイントです。

鉛筆を削る要領で軸の部分の皮を剥いておきましょう。

ボウルに水を張り、振り洗いします。ブロッコリーは意外と土や埃が、花蕾や茎に残っているので、この工程は手抜きをしないように。流しの下で水をかける程度では汚れは落ちません。

鍋に水1・5Lを沸かします。

水の量は鍋の大きさによって変わりますが、量ることが重要。というのもこのあと加える塩の量がわからなくなるからです。

慣れれば味見をするだけでも 塩の量の目安はつきますが、塩は水の1％重量。今回は15g加えます。

ここで塩味をきちんとつけておくことが重要。ブロッコリーの組織液よりも高い濃度の液体で茹でることで、ブロッコリーの成分が流出することを抑えます。

2分経ったら引き上げ、キッチンペーパーを敷いたバットに逆さまに置いて水気を切ります。

並行してソースの準備を進めましょう。フライパンに細かく切ったベーコンとオリーブオイルを入れて、中火にかけます。少しふつふつとしてきたら、ブロッコリーを茹で始めましょう。

ブロッコリーの茹で時間は2分が目安。

タイマーで計ると安心です。このとき、盛り付けるための皿を茹でる鍋の蓋にして、蒸気で温めておくと丁寧です。温まったら表面についている水滴を拭き取ればＯＫ。

2分経ったら引き上げます。ここからは時間との勝負。

茹でたブロッコリーは水に浸してはいけません。キッチンペーパーを敷いたバットに逆さまに置いて、花蕾のあいだに入った水気を下に落とします。

一般的なレシピを見ると、茹で上がったブロッコリーを冷水に浸すとありますが、水っぽくなるだけ。また、すぐに食べるならざるにあげて、わざわざ冷ます必要もありません。

水を切っているあいだに、いい香りが出てきたベーコンの鍋にビネガーを加えます。火を止めて鍋を揺らします。味見をして必要なら塩を足しますが、ベーコンの塩気があるので控えめに。コショウはお好みで。

熱々のブロッコリーを皿に盛り付け、沸いているソースをかけます。そこにパルメジャーノチーズをすりおろしたら出来上がり。

急いでテーブルに運び、温かいうちに召し上がってください。卵黄やマヨネーズを添えてもいいでしょう。今回は手軽なベーコンを使いましたが、ブロッコリーはムール貝やハマグリとの相性もいいので、ソースを工夫するのもいいかもしれません。

ブロッコリーを茹でる、という基本をマスターしておけばアレンジは無限です。

茹で上げブロッコリーのつくり方

材料(2人前)
ブロッコリー…一房
ベーコン…2枚(細切り)
オリーブオイル…大さじ2
赤ワインビネガー
…大さじ1(または米酢　大さじ1)
塩、コショウ
パルミジャーノチーズのすりおろし…適量

レシピ

1　ブロッコリーは小房に切り分け、軸の部分の皮を剥く。ボウルに張った水で振り洗いをする。

2　鍋に1.5Lの水に塩15gを入れて、強火にかける。並行してソースの準備。フライパンにベーコンの細切りとオリーブオイルを入れて、中火にかける。いい香りが出てきたら、火から外し、ビネガーを加える。塩で味付けし、好みでコショウを加え、フライパンを揺すってよく混ぜる。

3　鍋の塩水が沸騰したら中火に落として、ブロッコリーを茹でる。目安は2分間。茹で上がったら花蕾の部分を下にして、キッチンペーパーにとり、水気を切る。

4　皿に盛り付けてソースをかける。仕上げにパルミジャーノチーズのすりおろしをかける。

ブロッコリーを洗うとき、ボウルの水ごとザルにあげる行為は厳禁。ボウルの底にたまった埃や土が表面に再び付着してしまいます。

インゲンのサラダ

夏が旬のインゲンマメは、
茹でたほうがおいしい野菜。
酸味のあるドレッシングで
さっぱりと。

材料

インゲン…100g
ラディッシュ…30g
マスタードドレッシング
白ワインビネガー…10g
ディジョンマスタード…10g
塩…ふたつまみ
コショウ…少々
グレープシードオイル…40g

キッチンペーパーでしっかり
水気を切っておきましょう。

レシピ

1　インゲンはよく洗い、包丁で硬い部分を切り落とし、斜めに三等分する。ラディッシュは2mm厚にスライス。

2　鍋に湯を沸かし、インゲンを2分間茹でる（茹でる時に塩を入れる必要はなし）。残り30秒になったら、ラディッシュも投入して一緒に茹でる。冷水にとって色止めをし、キッチンペーパーで水気を切る。

3　ビネガー、マスタード、塩、コショウを泡立て器で混ぜ合わせ、そこに少しずつグレープシードオイルを注ぎながら攪拌を続けて、ドレッシングをつくる。

4　2をドレッシング大さじ1で和える。余ったドレッシングは空き瓶に移して、冷蔵庫に。

野菜料理

歯ごたえのある

ほうれん草のお浸し

「青菜を茹でるときはひとつまみの塩を入れる」と多くのレシピに書かれていますが、その理由について説明されたものはありません。果たして、本当に必要な工程なのでしょうか？

調理の新常識

旧 ひとつまみの塩を入れて茹でる。

←

新 塩を入れずにたっぷりのお湯で茹でる。

洗うときは根本から先端に向かって水を流すのがコツ。逆の方向から水を流すと、込み入った部分に土が入ってしまうので注意。

茹でるときに塩を入れる意味はなし!?

ほうれん草のお浸しには2種類の作り方があります。

一つは茹でたほうれん草を水にとって絞り、醤油をちろっと足らして、鰹節などをかけて食べる家庭料理風。

もう一つは同じように茹でてから水に晒した後、味付けした出汁で味を含ませる(名前の通りお浸しにする)料理屋風です。

前者は手軽で野菜の持ち味が活きた仕上がりに、後者は野菜の味は多少、抜けますがつくり置きができる、というメリットがあります。

「ほうれん草は軸がおいしいので、落としてはいけない」とよく言いますが、土には雑菌が多いので、軸は切り落としたほうが日持ちします。すぐに食べるのなら軸付きのまま茹で、つくり置きするなら切り落とします。すぐに食べる家庭料理スタイルのお浸しであれば根をつけたまま茹でても味には影響ありませんが、つくり置きは雑菌との戦い。根はおいしいので目的に応じて使い分けるのがいいでしょう。


茹でたほうれん草を絞るときは「巻きす」か「調理用の手袋」をして絞ります。手には（たとえよく洗ったとしても）雑菌が付着しているので、日持ちに影響するからです。

また、ほうれん草を茹でるときは丸ごとでも、切ってからでも、味に差はありません。鍋が小さい場合は切ってから茹でたほうが楽です。


昔から「青菜を茹でるときにはひとつまみの塩を入れましょう」と言われてきました。しかし、**塩を入れる必要はありません。**

塩を加えたほうがいいという人は「塩を加えると沸点が上がり、早く茹で上がる」と主張しますが、１Ｌの水に塩10ｇを加えることで上がる沸点は約０・18度。茹で時間はコンマ秒程度しか短くなりません。

余談ですが油を入れると同様に沸点が上がると主張する方もいますが油は上に浮くだけなのでなにも変わりません。

あるいは「塩を加えるとクロロフィルが定着して色が鮮やかになる」という主張はどうでしょうか？　塩化マグネシウム（にがり）がたくさん入った昔の塩なら多少の効果はあったかもしれませんが、現在の塩にその効果は期待できないでしょう。

また「塩で茹でると味付けになり、水っぽくなるのを防げる」という主張もありますが、お浸しの場合は火を通したあと、水にさらすので、せっかくつけた塩気も抜け

軸と葉をわけずにほうれん草を茹でるときは、まずは根本を入れて30秒間。それから全体を沈めて、30秒です。

てしまいます。そのまま食べるなら話は別ですが出汁に浸けるのならあまり関係ないのです。

以上のことから青菜を茹でるとき、塩を入れる必要はありません。

それよりも大事なのは、**なるべくたっぷりの湯で茹でること。**

青菜は茹でることで膜構造が破裂し、クロロフィルが細胞内に含まれている酸にさらされ、その酸によって色が悪くなるのですが、たっぷりの湯で茹でることで、酸の濃度を薄めることができ、色が鮮やかになります。このとき、酸を揮発させるために、蓋をしないで茹でることも重要です。

出汁に浸した状態であれば、つくり置きができます。

他にお浸しに向いている野菜は小松菜、モロヘイヤ、ニラなど。緑の濃い葉野菜であればなんでもお浸しになります。

ほうれん草のお浸しのつくり方

材料（2人前）
ほうれん草…
　1パック（200g程度）
出汁…300cc
醤油…大さじ1
みりん…大さじ1
鰹削り節…好みで

茹で上がったほうれん草は冷水で冷やします。冬場なら水道水で大丈夫です。

レシピ

1　ほうれん草は軸の部分を切り落とし、流水でよく洗う。半分に切って、茎と葉の部分に分ける。鮮度が悪ければ水にしばらく浸けておくと加熱時間が短くなり、食感が良くなる。

2　鍋にたっぷりの水を沸かし、葉の部分から茹でていく。茹で時間の目安は30秒。引き上げて冷水で冷ます。次に茎の部分を1分間茹でて、同様に冷水で冷ます。

3　巻きすを使うか、ビニール手袋した手でほうれん草を絞る。3～4cmの長さに切り、出汁、醤油、みりんをあわせた地に浸けて、冷蔵庫で冷やす。

4　器に盛り付けて、好みで鰹削り節を載せる。

出汁のとり方
鍋に水1Lと昆布5gを入れて中火にかける。ふつふつとしてきたら鰹節10gを入れ、火を止めて沈むまで待ち、こす。

ほうれん草のバターソテー

バターが焦げない低温で加熱。低温で加熱するとシャキシャキ感が残ります。

材料(1人前〜2人前)

ほうれん草の葉…140g
(1パック分の葉だけ)

バター…10〜20g

ニンニク…1片

ナツメグ…少々(あれば)

塩、コショウ…少々

レシピ

1 ほうれん草は水を張ったボウルに活けて、水分を吸わせておく。

2 軸から葉だけを外し、葉を溜め水でよく洗う。

3 鍋にバターを溶かし、ほうれん草の葉を入れる。木べらで30秒ほど炒め、最後にニンニクを刺したフォークでかき混ぜて香りをつける。塩、コショウを振って仕上げる。(茎は別にニンニクと一緒に炒めましょう)

茎と葉をわけるのはフランス料理のキッチンではわりと当たり前に行われている作業です。

ほうれん草の白和え

ほうれん草の白和えは簡単ながら味わい深い料理。

材料(2人前)
ほうれん草…100g(半袋)
醤油…小さじ1
絹ごし豆腐…半丁
塩…小さじ¼
上白糖…ひとつまみ(好みで)
紅生姜…適量

レシピ

1　ほうれん草はよく洗い、水に浸けてパリッとさせてから、熱湯で茹でる。水にとってから、軽く絞り、醤油で下味をつける。

2　ボウルに絹ごし豆腐、塩、隠し味の上白糖を入れ、ゴムべらなどで潰して和え衣にする。

3　1と2を和え、器に盛る。紅生姜を天盛り（上に載せること）にする。

豆腐はゴムべらでよく潰してください。ここで練りゴマなどを混ぜてもっとコクを出してもOK。

column
「おいしい」をつくる新常識③

コシのあるそうめんは、梅干しでつくる

夏の風物詩そうめん。
うどんやラーメンなど麺類にコシがあるのはグルテンのおかげ。グルテンとは小麦粉に含まれるタンパク質のグルテニンとグリアジンが水を吸収することで網目状につながったもので、パンの弾性もこのグルテンの性質によるものです。
そうめんは、外側に並んだグルテンが、内側のデンプンの粒を包んでいる形になっている点が他の麺との違いです。この構造が、細いのにプリッとした歯ごたえのある独特の食感を生みます。
そのコシのあるおいしいそうめんのつくり方をご紹介します。

冷やしそうめんのつくり方

材料（2人前）
そうめん…4束（200g）
梅干し…2～3個
市販のそうめんつゆ…適量
青ネギの小口切り…適量
生姜のすりおろし…適量

まず、そうめんの選び方。

1　鍋に2Lの水と梅干し2〜3個を入れて、沸騰させます。

そうめんには機械で製麺した安価な製品と、ちょっと割高な手延べの2種類があります。最初にそうめん独特の食感の理由を説明しましたが、機械式でつくったそうめんはグルテンが外側を包む構造にならないので、**ちょっと高くても〝手延べ〟という表示のあるそうめんを選んでください。**

1　鍋にたっぷりの水（2束100gに対して水1Lが目安、今回は4束なので2L使用）と梅干しを入れて、沸騰させる。沸いたら火を弱めて2〜3分煮出す。

そうめんを茹でるときにたっぷりの水が必要なのは理由が二つあります。

一つはそうめんに含まれる塩分を流すためです。そうめんは生地をつくるときにたくさんの塩を加えて練るので、それを希釈させるためにたっぷりの水が必要。茹でることによって塩分は20％以下になり、さらに洗うことで5％以下まで減らすことができます。

もう一つの理由はpH。pHとは「水素イオン指数」のことで酸っぱいレモンは〈酸性〉、苦い重曹水は〈アルカリ性〉というように水溶液の性質を表す数字です。うどんやそうめん、冷や麦などの小麦粉でできた麺類を茹でるとき、茹でる湯のpHはコシに大きく影響します。アルカリ性の湯で茹でると、グルテンの網目が緩み、デンプンが溶出してしまうので、コシがなくなってしまうのです。

水は沸騰させるとアルカリに傾きますが(理由は後述)たっぷりの湯で茹でることで、その影響を少なくすることができます。

とはいえ家庭では毎回、多くの湯で茹でるわけにもいきませんし、鍋の大きさにも限界があります。

そこで登場する秘密兵器が「梅干し」です。

あらかじめ梅干しを煮出し、茹でる湯のpHを弱酸性に傾けておくと、グルテンがしなやかになり、結果としてデンプンの溶出量が抑えられる＝コシが出るのです。

酢やレモン汁でも同様の効果が期待できますが、梅干しならその後、そうめんと一緒に食べられます。写真は梅干しを入れて2分経った状態の湯で、pHは5・65を示しました。茹でる湯のpHは5・5〜6・0がデンプンの溶出量が最も抑えられると言われています。

2

沸いている湯にそうめんをパラパラと入れる。火を強めて吹きこぼれない程度の火加減に調節する。1分30秒〜2分茹でる。

昔の料理本にはそうめんを茹でる場合には「差し水をする」と書かれています。差し水とは沸騰した時点で加える冷水(別名、びっくり水)のことで、ふき

2 そうめんを茹でます。ふきこぼれないように火加減に注意。

3 茹で上がったそうめんに流水をかけて冷やします。

こぼれを防ぐ役割があります。

しかし、**差し水をする必要はありません。**差し水は熱源がかまどと薪、あるいは七輪と炭だった時代の、火加減の調節が難しかったときに生まれた技法で、現在使われているガスコンロやＩＨであれば、火を弱めるだけですむことです。

そうめんをおいしく茹でるためにはデンプンが溶け出る前に火を通す必要があり、それには沸点を維持することが大事ですから、差し水をして温度を下げてもいいことはありません。

この事実は徐々に認知されてきましたが、差し水をしている人も依然として多く、現在、差し水をして茹でる人と、そうでない人の割合は半々とのこと。一度、定着した習慣を変えるにはもう少し時間がかかりそうです。

3

茹で上がった麺をザルに移し、流水をかけて冷やす。水を流しながら両手でゴシゴシともみ洗いする。そうめんのぬめりがなくなったら、氷水で冷やし、水気をよく切る。

そうめんが茹で上がったら、まず流水にかけて冷やします。昔から「手の皮脂が溶けて味を損ねるので、熱いときに手を入れてはいけない」と言われていますが、茹でたてのそうめんは意外に熱いので火傷をしないように注意しま

4 そうめんつゆは自作するとさらに美味。みりん100ccを沸騰させ、水500cc、濃口醤油100cc、鰹節10g(水の重量の2%)を加えて一煮立ちさせたらこし、氷水で急冷します。

しょう。

そうめんが冷めたら、両手でもみ洗いします。そうめんは生地の表面に油を塗りながら、糸状に延ばしてつくるのですが、よく洗うことでこの工程でついた油分を落とすことができます。

きっちりと表面を洗い、氷水で冷やしたら、水気をよく切っておきましょう。

4

冷やした器に麺を盛り付け、麺つゆ、薬味の青ネギと生姜を添える。

よくそうめんを氷水に浸した状態で提供しているのを見かけます。見た目は涼しげでおいしそうなのですが、茹で上がったそうめんは水分をどんどん吸収し、コシがなくなっていくので、**見た目より味を優先するなら避けたいところ。**

茹でてやわらかくなった梅干しを麺つゆに入れ、潰しながら食べるのがおすすめです。

茹でる湯のpHについて

「茹でる湯に梅干しを入れて酸性にする」と聞くと、水道水は中性だから大丈夫なのでは？　と思われるかもしれません。たしかに貯水池の環境によっても多少違いますが、水道水は基本的には中性とされます。

とはいえ東京都の水道水の平均は7・6とややアルカリ性。しかも、この水道水は沸騰させるとさらにアルカリ性に傾きます。

試しに水道水を沸かしてみたところpHは約8・0でした。これは温度が上がるにつれて空気（影響が大きいのは二酸化炭素）が抜けるからと考えられます。やはり、茹でる場合には梅干しか、ほんの少量の酢を入れて、調整したいところです。

とはいえ、このレシピには梅干しの個体差が大きいという問題点があります。今回、使用した梅干しは皮がしっかりとしていたので、茹でる湯2Lに対して1個程度ではあまり効果がなく、3個入れることで効果が出ました。梅干しに針で穴を開ければ1個でも充分かもしれません。

入れる材料は別に梅干しである必要はなく、純粋なクエン酸でもいいでしょう。実験したところ純粋なクエン酸の場合は0・1g〜0・15gで、適切なpHである5・5〜6・0に調節できます。ひとつまみの量で、充分、効果があるということです。

そうめんの保存について

そうめんの賞味期限はかなり長めに設定されており、昔から「手延べそうめんは古い物ほどおいしい」と言われてきました。

冬の時期に製造された手延べそうめんを木箱に詰め貯蔵し、梅雨を越すと油くささが消え、食感が良くなることが知られています。この現象は「厄」と呼ばれ、多くの研究報告がありますが、いまだに詳しいメカニズムはわかっていません。ただ、小麦粉に含まれる酵素が脂質を変化させ、それがデンプンやタンパク質に影響を与えると考えられています。

梅雨を越して出荷されたそうめんは「新物」、2年目以降のものは「ひねもの」と呼ばれ、珍重されていますが、家庭で適正な保存方法を維持することは難しいので、買ってきたら早めに食べるのがいいでしょう。保存は直射日光のあたらない通気性のいい場所で、開封したものはジッパー付きの袋に移して、冷蔵庫で保存するのがベター。ちなみにこのそうめん。袋の表示時間よりも長く茹でると、小麦粉の風味が感じられる仕上がりになります。興味があれば一度、試してみるのもいいのでは？

参考文献／
『手延素麺』（調理科学会　１９８５年 小川玄吾）
『ひやむぎから摂取される食塩量』（鈴鹿短期大学紀要16 西村亜希子、水谷令子、岡野節子）
『合成小麦粉生地のレオロジー的性質に及ぼす食塩とｐＨの影響』（日本食品科学工学会誌 １９８２年
三木英三、松本幸雄、米沢大造）
『平成の食事―その調理方法と料理の喫食頻度』（女子栄養大学紀要 ２００５年 松本仲子）
『乾めんの貯蔵に関する研究』（日本食品工業学会誌 １９７８年 柴田茂久、今井徹、稲荷佐登美）

外はカリカリ、中はホックホク

フライドポテト

低温から一度揚げて、冷ますとジャガイモの甘みが引き出され、ホクホクとした食感に。さらに高温で二度揚げすることで、表面がカリカリに仕上ります。最高のポテトのつくり方。二度揚げだから中が半生ということもありません。

調理の新常識

旧 高温で揚げる。

←

新 甘みを引き出し、カリカリにするには冷ましてからもう一度揚げる。

中はしっとり、表面はカリカリに仕上げるには？

フライドポテトのつくり方をネットで検索すると、人によって言っていることがバラバラです。切ったジャガイモを1時間水にさらし、デンプンを流せばカリッと揚がる、という人がいたかと思えば、表面に片栗粉（主成分はさっき流したデンプンなのですが）をまぶすとカリッと揚がるという意見も。

一度、整理して順番に考えていきましょう。

まず、ジャガイモの種類から。

ジャガイモは男爵などの水分含有量の少ない＝ほくほくした芋と、メークインのような水分含有量の多い＝しっとり系の二種類があります。フライドポテトは表面をカリッとさせたいので、当然、水分の少ないほくほく系が向いています。

注意点が一点だけあります。冷蔵庫で保管したジャガイモは糖分が増え、べたついてしまうので、カリッとした仕上がりになりません。

そうしたジャガイモを使う場合は、一日常温に置いて糖をデンプンに戻してから使いましょう。

ジャガイモは皮を剥き、拍子木に切っていますが、もちろん皮付きのまま、くし切りにしても大丈夫。皮の風味もおいしいので、このあたりは好みです。

揚げる前に水分はふき取っておきます。余分な水分が残っているとそれが蒸発する際にまわりの熱を奪っていくので、均一に火が入らなくなります。

ジャガイモを揚げるには意外と時間がかかります。時間がない場合は茹でてから揚げるという裏技も。

拍子木に切ったジャガイモは水で表面を洗います。さて、この後、1時間水にさらしたほうがいい、いや1晩だ……という意見がありますが、長い時間、水に浸ける意味はあるのでしょうか？

ジャガイモのデンプンは細胞膜のなかにあります。包丁でカットしたことで、細胞膜が破壊されている部分からは一部、デンプンが流出しますが、水に浸けてもデンプンはこれ以上出てきません。水で洗うのは表面の糖を洗い流し、揚げ色を軽くするため。つまり、長い時間、水にさらす必要はないのです。

また、デンプンは水に流したい邪魔者ではなく、カリカリ感に貢献する成分。だから、片栗粉や小麦粉を表面にまぶす人がいるのですが、もしも表面になにかをまぶすなら、ガリッとした歯ごたえが欲しい人は強力粉を、ソフトな歯ごたえにしたければ薄力粉をまぶすのがいいでしょう。小麦粉に含まれるタンパク質が歯ごたえと香ばしい風味を生むからです。ただ、フライドポテトはなにもまぶさなくても、ジャガイモに含まれるデンプン質だけでも充分、カリッとします。

必要なことは、はじめに低温で加熱することです。

低温で加熱すると表面の細胞からデンプン粒子が溶け出し、それが外側にくっついて、厚くて丈夫な皮をつくります。

低温で揚げる時間を長くとりたいので、今回は思い切って冷たいフライパンにジャ

低温で揚げた状態。この状態で袋に入れて冷凍保存もできます。

ガイモを入れ、油をひたひたになるまで注ぐ方法をとりました。140℃くらいの温度で揚げても大丈夫です。油の入ったフライパンを強火にかけていると、油の温度が93℃を超えると泡が立ちはじめるので弱火に落とします。油で茹でるような感じで火を通していき、15分たったら、網の上に載せて一度、冷まします。

なぜ、冷ます必要があるのでしょうか？　その理由は**最後の工程で効率よく水分を飛ばすためです。**

ジャガイモは水分の多い食材なので、1度目に揚げて時間を置くと、内側の水分が外側に移動します。そこで2度目にやや高温の油で揚げることで、この表面の水分を飛ばし、カリカリに仕上げます。

カリカリの部分の厚さによって2度目の揚げの温度は変わります。薄くしたい場合ははじめから高温で、逆に皮を厚くしたい場合は低めの温度で揚げはじめ、最後に高温で揚げればいいでしょう。

揚がったらキッチンペーパーにとって油を切り、塩を振ります。トマトケチャップを添えて、テーブルに運びましょう。ちなみにケチャップはアメリカ風。フライドポテト発祥の地であるベルギーはマヨネーズ、フランスではディジョンマスタードをつけて食べたりします。

フライドポテトのつくり方

材料（4人前）

ジャガイモ…500g（正味）

サラダ油…適量

（26〜28cmのフライパンで500gが目安）

塩…適量

ケチャップ…適量

レシピ

1　ジャガイモは皮を剥き、1.2〜1.5cm角の拍子木に切る。流水で表面を洗い、キッチンペーパーなどで水気をしっかりととる。

2　冷たいフライパンにジャガイモを入れ、油をひたひたに注ぐ。強火にかけて泡が出てきたら弱火にして、15分間揚げる。

3　取りだして、網の上で20〜30分ほど冷ます。

4　180℃に熱した油で表面がきつね色になるまで揚げる。揚がったら新聞紙などにとり、油を切る。塩を振って、ケチャップを添える。

表面はカリカリで内側はしっとりのポテトフライ。揚げたてがごちそうです。

いも料理

口の中でとろける

究極のマッシュポテト

シンプルなマッシュポテト。肉料理だけではなく、魚料理などにも使える万能のつけ合わせです。今回は有名三つ星シェフたちのつくり方を参考にして、家庭で簡単にできる「究極のマッシュポテト」に挑戦。

調理の新常識

旧 ジャガイモは~~皮付きのまま~~茹でる。

↓

新 皮を剥き厚めにスライスして塩水で茹でる。

決め手は、ジャガイモの茹で方！

このレシピはジョエル・ロブションの名作『ジャガイモのピュレ』をアレンジしたものです。彼はこのジャガイモのピュレとグリーンサラダで三つ星を獲得した、とも言われています。

ロブションさんはラットかＢＦ15というメークインタイプのジャガイモを指定していますが、今回は男爵系の芋を使います。味も軽く仕上がりますし、そのほうが裏ごしが簡単です。また、ロブションさんのレシピでは、ジャガイモを皮付きのまま、丸ごと、グロセルという大粒の塩を入れた湯のなかで茹でるとしていますが、ここでは皮を剥き、ある程度の厚さに切ってから茹でています。

「切ったら風味が抜けてしまうのでは？」

と思うかもしれませんが、たしかに風味の一部は溶け出してしまいます。しかし、皮付きのジャガイモを丸ごと茹でると、仕上がりにムラが出やすく、中心部にまだ火が通っていないのに、外側は茹ですぎてしまうといった事態が起きます。

なぜ茹ですぎはダメなのでしょうか？

ジャガイモの細胞が壊れてしまい、デンプンが溶け出してくるからです。

例えば片栗粉（１００％純粋なデンプン）を水で溶いて加熱すると洗濯糊のような

厚切りにして茹でます。小さく切りすぎると、表面積が大きくなり、栄養や風味が失われるので注意。

物質ができます。デンプンが溶け出してきたときにできる物質がこれと同じ。マッシュポテトに混ざるとべたついて、口当たりが悪くなるのは明白です。

茹ですぎを防ぐコツは厚めにスライスして茹でることです。裏ごし作業も楽になりますし、茹で時間も短くなります。風味は多少ぬけますが、それはこの後の工程でカバーできます。

1%の塩水で茹でるのもほくほくさせるポイント。ジャガイモの細胞同士はペクチンという接着剤で繋がっているのですが、このペクチンは塩に溶けやすい性質があります。塩水で茹でることで、細胞同士がほぐれやすくなるので、裏ごし作業が楽になります。

やわらかくなるまでしっかりと茹でたジャガイモは熱いうちに裏ごします。ジャガイモが冷めると、ペクチンが再び固まってしまい、それを無理に裏ごすと細胞が壊れ、デンプンが出てきてしまいます。熱いうちに木べらを押しつけるようにして、一気にこしましょう。理想的な温度は80℃強で、あくまで細胞をバラバラにするイメージです。力仕事ですが、ここが頑張りどころ。

裏ごしたジャガイモを鍋に戻し、中火にかけて水分を軽く飛ばしてから、バターを加えます。使用量はジャガイモの重量の20%。あまりの量に怯《ひる》んでしまいますが、ジョエル・ロブションはかつてジャガイモの40%量のバターを推奨し「50%まで増やせば

手を木べらに垂直に押さえつけるように。一回でジャガイモを潰すことで、細胞が壊れるのを防ぎます。

もっとリッチに。さらにはジャガイモの同量まで増やすこともできる」と言っています。はっきり言って40％以上のバターはやりすぎの感はありますが、バターによってピュレは極上の味になります。

熱くした牛乳で濃度を調節しますが、その前にジャガイモの剥いた皮を牛乳で煮出すことで風味を加えています。これはイギリスの三つ星シェフ、ヘストン・ブルメンタールのアイディア。もちろん、皮を入れずに熱い牛乳で濃度を調整するだけでも充分おいしいマッシュポテトになります。

保存する場合はオーブンペーパーをかぶせて、表面の乾燥を防ぎ、温めなおすときは少量の牛乳を加えて保存中に失われた水分を補うとよいでしょう。

上手にできた熱々のマッシュポテトはさらっとした口どけ。イギリスのシェフ、ゴードン・ラムゼイも著書のなかでやはり「粘りは絶対に出してはいけない」とし「マッシュポテトをつくるのにフードプロセッサーを使っているレシピ本があればすぐにゴミ箱に捨てていい」とまで書いています。マッシュポテトをつくるときは手作業が一番。ジャガイモの量が300gぐらいであればそれほど大変ではないので、たまには腕まくりしてプロの味に挑戦しましょう。

究極のマッシュポテトのつくり方

材料（4人前）
ジャガイモ…300g
バター…60g
牛乳…150cc
コショウ…適量

レシピ

1　ジャガイモは丁寧に洗い、皮を剥く。1.2〜1.5cmの厚さに切る。

2　鍋で水1Lに塩10gを溶かし、ジャガイモを入れて茹でる。沸騰するまでは強火で、沸いてきたら弱火で静かに火を通す。牛乳を火にかけて沸かし、ジャガイモの皮を入れて数分間煮て、風味を移しておく。

3　火が通ったらジャガイモが熱いうちに裏ごしをする。

4　裏ごした**3**を鍋に戻し、中火にかけて軽く水分を飛ばす。火を止めて、角切りのバターを入れ、混ぜる。裏ごししたジャガイモがバターを吸い込んだら、熱い牛乳を少しずつ加えて好みの硬さに調節する。好みで白コショウを挽き入れる。

熱々の牛乳で少しずつ伸ばしていき、好みの硬さに調整してゆきます。

イモ本来の旨味を感じる

元祖ポテトサラダ

ジャガイモを潰して、マヨネーズを加えてつくるのが、一般的なポテトサラダ。このマヨネーズ版のポテサラが登場するまであった元祖ポテサラを紹介。実はこちらのほうがあっさりしていて、おいしいのです。

調理の新常識

旧 ジャガイモは皮ごと茹でる。

新 砂糖を加えて茹でると冷めてもしっとり。

砂糖の量は茹で湯の2％が目安。

パサつかないための工夫とは？

このレシピの元ネタは明治43年に出版された『西洋料理教科書』。この本には茹でたジャガイモの輪切りと玉ねぎをドレッシングで和えた料理が「ドイツ人が好む料理」として紹介されています。大正時代にマヨネーズが流行るまでは日本でもこのタイプのポテトサラダが一般的だったようです。

ポテトサラダを作るとき、よく問題になるのは冷めたジャガイモがパサつくこと。このレシピではそれを解消するために**「砂糖」を加えています。**砂糖には保水性があるため、ジャガイモをしっとりと茹で上げることができ、デンプンの老化を防止する働きもあるので、冷めてから力を発揮します。

ドレッシングの基本は油と酢が3対1。

明治時代のレシピに敬意をはらい、酸味には米酢を使いましたが、ワインビネガーやレモン汁でも結構です。塩は油には溶けないので、酢に溶かしてから、油を注ぐようにしましょう。

ここにマスタードを少し入れるとよりおいしくなります。（オリジナルのレシピには〈辛子〉という記述があります）

ジャガイモに串がスッと刺さり、くっついてこなければOK。

ジャガイモは限界までやわらかく茹でます。

ジャガイモは冷ますことである程度、硬くなるので、ここできちんと茹でておかないと、リカバーできません。串をさしてちゃんと確認すること。

この後、ジャガイモをドレッシングで和えてもいいのですが、量の調節が難しいのでハケかスプーンで表面に塗るという丁寧な方法をとっています。これはフランス料理の巨匠、ジョエル・ロブションのスタイル。ドレッシングの量が調整しやすく、乾燥も防げます。熱いうちにドレッシングを塗るとジャガイモによく味がつきます。

茹でたジャガイモは味が落ちるので冷蔵庫に入れないようにしましょう。デンプンは冷めるにつれて、分子の目が詰まったβデンプンになります。これがパサつきの原因です。βデンプンに変わりやすい温度帯は5~10℃と冷蔵庫の温度と同じ。なので常温に置いておいた方がベターです。

ポテトサラダは茹でたジャガイモが人肌程度、フランス料理の言葉でティエド（生温かい）という状態で食べる料理なのです。

もしも、前日から準備しておきたい場合は冷蔵庫に入れておきますが、食べる前にはきちんと常温に戻すこと。

スモークサーモンやハムを入れずに、焼いた魚や鶏肉の付け合わせにもしてもいいでしょう。

マヨネーズで和えるときも同じように冷蔵庫に入れずに人肌程度に冷ましたジャガイモを使いますが、その場合もこのドレッシングでジャガイモが熱いうちに下味をつけておくとおいしくできます。

なんでもない料理こそ、丁寧につくると仕上がりに差が出ますね。

元祖ポテトサラダのつくり方

材料(2人分)

ジャガイモ…300g相当(正味)
オリーブオイル…大さじ3
酢(米酢)…大さじ1
塩…小さじ½
(好みで¼に減らしてもOK)
玉ねぎのみじん切り
…大さじ山盛り2～
スプラウト
(クレスやブロッコリーなど)
…1パック
スモークサーモンまたはハム
…4枚(適当な大きさに切る)

茹でたジャガイモを並べ、熱いうちにハケか小さなスプーンでドレッシングを薄く塗っていきます。

レシピ

1　ジャガイモは皮を剥き、1cmの厚さにスライス、鍋に水500cc、塩5g(分量外)、砂糖10g(分量外)を入れ、串がすっと通るまで茹でる。

2　オリーブオイル、酢、塩を混ぜてドレッシングをつくる。玉ねぎのみじん切りは水にさらして、キッチンペーパーで水気をとっておく。

3　ジャガイモの水気を切り、バットか皿に並べてハケかスプーンでドレッシングを両面に塗る。落としラップをして、1時間ほど室温で冷ます。

4　ドレッシングの残りと玉ねぎのみじん切りを混ぜ、3のジャガイモ、ちぎったスモークサーモン、スプラウトを和える。

いも料理

しっかり味の染み込んだ

里芋の煮物と煮っころがし

里芋を炊くときにアク抜きは必要なのでしょうか？　炊いた里芋に煮汁を吸い込みやすくするための方法とは？　手間をかけずに、中まで味がしっかりしみる煮物のつくり方です。

調理の新常識

旧 里芋の下茹でには~~米糠~~を使う。

←

新 ぬめりをとるには下茹でに水を使う。

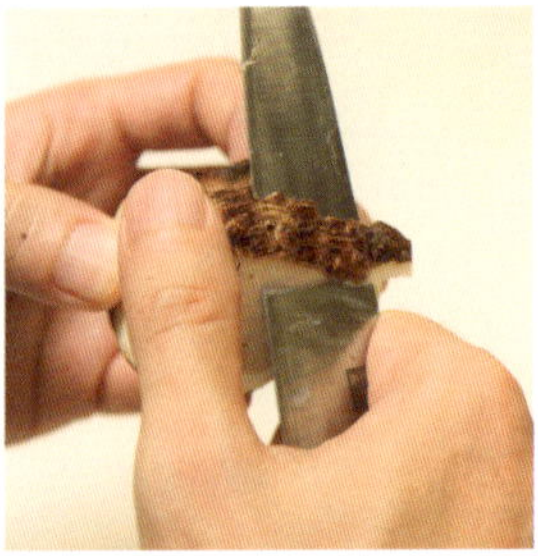

里芋の皮を剥くときは先に頭とお尻を切り落としてから一気に剥きます。

里芋の正しい剥き方、知っていますか？

『炊く』という調理は水分で加熱していくこと。里芋を炊いてみましょう。

里芋は皮を厚めに剥きます。

ぬめり成分であるガラクタンとえぐみのもとであるシュウ酸が皮のすぐ下に多く含まれているからです。今回は適当に剥いていますが、六方に形を整えたほうが仕上がりはきれいです。

里芋の下処理は通常『米の研ぎ汁で下茹でする』というのが一般的(研ぎ汁がない場合は生米を入れるという説も)。

研ぎ汁で煮ることでアクが抜けるといいますが、なぜアクが抜けるのかという理由について解説している本は読んだことがありません。

こういう場合は比較してみるのが一番です。里芋を水と米の研ぎ汁でそれぞれ下茹でし、試食をしてみました。ちなみに里芋は火が通ってくると浮いてきます。加熱によって水分が抜け、軽くなるからです。火がちゃんと通ったか心配なら串を刺してすっと通れば大丈夫。

浮いてきた順からお湯にとっていけば、食べたときにガチガチ……という失敗もありません。小さなコツですが、水に浸さないこと。冷やすと芋が締まってしまい、上手に炊けません。

さて、水で炊いた里芋と米の研ぎ汁で炊いた芋。見た目は水で煮たほうが白く仕上がり、味見をしてみると明らかな違いがでました。

水で炊いたほうが甘みが強く、ふっくらと炊けており、米の研ぎ汁で炊いたほうはアクがわずかに残っています。研ぎ汁は水よりも濃度があるため、ふっくらと炊けず、逆にアクが抜けないのです。

芋のアク＝えぐみは『シュウ酸カルシウム』という成分に起因します。里芋の皮を剥いていくと手がかゆくなりますが、これはシュウ酸カルシウムの結晶が肌に刺さるために起こる現象。そもそも米の研ぎ汁で下茹でする作業はアクを吸着させる効果を狙ったもので、研ぎ汁自体にシュウ酸カルシウムを化学的に分解するような力はありません。

また、シュウ酸カルシウムの濃度は里芋の品種によって差があることがわかっています。現在、日本で栽培されている里芋はえぐみの少ない品種なので、そもそもアク抜きに一生懸命になる必要はないのです。

里芋の問題はアクではなく、ぬめり成分。ぬめり成分が表面にあると煮汁の吸い込みが悪くなるので、今回のように**すっきりとした煮汁に仕上げたい場合は、ぬめり**

今回はあわせ出汁だけで炊いていますが、一緒に戻した干し貝柱を入れるとさらにコクがでます。

をとるために水で下茹でするのが正解です。

下茹でした里芋はお湯で表面を軽く洗い流してから、熱い出汁に加えます。出汁の量は里芋が浸るくらい。

他のレシピでは分量を細かく量っていますが、今回は大雑把にしています。これくらいの量、これくらいの色という具合に覚えていくのが料理上手になるための近道だから。味付けはまず、甘みからです。とはいえ、それほどこだわる必要はありません。今回はみりんを大さじ2入れましたが、砂糖を使うなら癖のないグラニュー糖が向いています。

醤油を加えるときは少しずつ

日本料理の世界では醤油を加えることを「影を落とす」と言ったりしますが、醤油の適量は色で判断します。今回は小さじ2くらい入れました。醤油とみりんの量は適当ですが、この配合は他のどの料理書に載っているレシピよりも薄味だと思います。もちろん、これだけで食べるなら物足りないと思いますが、こういう料理が濃い味の隣にあると食べ飽きません。

里芋に味をつけたら、火を止めます。出汁で煮ている時間は短いですが、里芋には

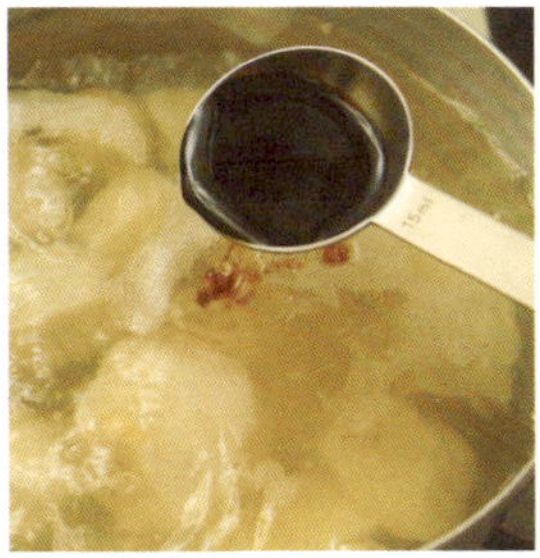

濃口醤油を使っていますが、薄口醤油や白醤油を使うと透明感のある仕上がりに。ただ、色の薄い醤油ほど塩分が強いので、入れる量には注意が必要です。

火が通っているから大丈夫。予熱でさらに火が入り、調味液も染み込みます。

よくおでんなどでも「冷めるあいだに味が含む」と言いますが、温度が高いほど味の浸透率がよくなるので、その言い方は正しくありません。しかし、余熱で火を通すと、調味液が煮詰まらないというメリットがあります。

火を止めて30分も置いておけば里芋が沈みます。これは出汁を含んだ証拠。保存容器にうつして、冷蔵庫で保管しましょう。出汁のなかに浸っていれば数日間は味が落ちません。食べるときは温め直しますが、冷たいままでもおいしく食べることができます。

下茹では里芋から水分を出す作業、出汁で煮るのは水分を入れていく作業。この二つの違いを理解しておくと芋を上手に炊くことができるでしょう。

樋口一葉の小説『大つごもり』にも出てくる里芋の煮っころがし。昔からご馳走ではなく定番のおかずだったよう。

次に、里芋の煮っころがしをつくる

煮っころがしの問題はまず皮を剥くのが面倒なこと。料理書には「包丁で皮をこそげる」とありますが、全部剥くのは結構な手間です。昔とは違い、現代は忙しい時代。もっと簡単に剥けないものでしょうか。

いろいろと試してみて一番楽だったのは**〈丸ごと茹でる〉という方法**です。里芋と水を鍋に入れて、強火にかけ、沸騰したら火を弱めて5分茹でたものを冷水で冷やすと、手で皮がつるりと剥けます。表面の成分は多少、失われますが、あとで濃いめの味付けをするので、誤差の範囲でしょう。

皮を剥いた里芋はある程度、小さく切ります。里芋が大きいと煮る時間がかかるので、硬かったり、煮汁が焦げたり……という、失敗の原因になります。煮っころがしのような少なめの煮汁で煮る料理の場合は、最初から小さめに切ると、失敗するリスクを減らせます。今回のレシピは水で煮ていますが、もちろん出汁を使ってもＯＫ。強めの火加減で煮ていき、煮汁が少ない状態に仕上げるのがベスト。こちらも冷蔵庫で3日ほど保存が利くので、つくり置きもできます。

参考文献／『サトイモ（Colocasia esculenta Schott）の組織中シュウ酸カルシウム結晶密度における品種間差異』（村上賢治他　岡山大学農学部学術報告）

里芋の煮物のつくり方

材料(2人前)
里芋…8個
出汁…適量
醤油…適量
みりん…適量

レシピ

1 里芋は両端を落とし、縦に厚めに皮を剥く。鍋に水、皮を剥いた里芋を入れて、強火にかけ、沸騰したら弱火に落とす。ことことと竹串がすっと刺さるようになるまで下茹でする。やわらかくなったら湯で表面を軽く洗う。

2 軽く沸かした出汁に1の里芋を入れ、醤油、みりん(醤油大さじ1、みりん大さじ1というように同量が基本、好みで調節する)を加え、弱火で2〜3分煮る。

3 火を止めて、予熱で里芋に味を含ませる。

里芋は火が通ってくると浮いてきます。加熱によって水分が抜け、軽くなるから。火がちゃんと通ったか心配なら串をさしてすっと通れば大丈夫。

里芋の煮っころがしのつくり方

材料（2人前）

里芋（皮を剥いた状態で）…600g
ごま油（サラダ油）…大さじ1
水（または出汁）…300cc
日本酒…50cc
醤油…大さじ2＋小さじ1
砂糖…大さじ2
柚子の皮…適量

落とし蓋はアルミホイルや紙でも同じように代用できます。

レシピ

1　芋はテーブルナイフか厚手のスプーン、包丁で表面の皮をこそぎ落とすか、水から茹でて沸騰したら弱火に落として5分煮た後に冷水にとってフキンかキッチンペーパーで皮を剥く。

2　3～4cm直径くらいになるように2等分か3等分に切る。（親指と人差し指で輪っかをつくったくらいが目安）

3　ごま油を大さじ1敷いたフライパンを中火にかけ、里芋を加える。ちりちりと音が出るまで軽く炒める。温まったら水、日本酒、砂糖、醤油を大さじ2加える。

4　落とし蓋をして、中火のまま10分間煮詰めていく。

5　落とし蓋を外して、鍋をゆすりながら強火でさらに煮詰める。煮汁が少なくなったら出来上がり。仕上げに醤油小さじ1を加えて香りを補う。お皿に盛って柚子の皮をちらす。

column

「おいしい」をつくる新常識④

みそ汁に出汁は必要ない？

「料理は全然できません。一人暮らしをはじめるまで、みそ汁に出汁を入れるのも知らなかったくらいで……」

という、いわゆる『みそ汁に出汁を入れない』問題は、料理下手の典型例として扱われています。この問題が生まれた時期は定かではありませんが、参考になりそうなのはマルコメが出汁入りみそを発売したときのエピソード。

マルコメのホームページに掲載されている開発ストーリーによると、きっかけはマルコメのみそでつくったみそ汁がおいしくないというクレームの電話だったそう。不思議に思ったメーカーが調べてみるとみそを湯で溶いていたことがわかりました。当時、共働き世帯が増え、調理に時間をかけられない人が増えていたのです。

「だったら、はじめからみそに出汁を入れられないか」

そうして開発がはじまったのが出汁入りみそ。1982年に『料亭の味』という商品名で発売され、現在まで続くロングセラーになりました。このエピソードから『みそ汁と出汁』問題は、少なくとも35年以上前から話題に上がっていたことがわかります。

ところが最近、一部の料理研究家や料理人の方から「みそ汁に出汁は必要ない」という意見も。たしかにあらかじめ鰹節と昆布で出汁を準備するのが手間なのは事実なので、なければないにこしたことはありませんが、なぜ最近になって「みそ汁に出汁は必要ない」という意見が出てきたのでしょう？

そんな点も含めて、今回はみそ汁のつくり方を考えます。

出汁がいらないみそがある？

みそにはいろんな種類がありますが、今回用意したのは3種類。

赤だしみそ、米みそ、白みそ(西京みそ)です。

赤だしみそという名前は通称で、岡崎の八丁みそに代表される豆みそをベースに米みそなどを調合し、扱いやすくしたもの。豆みそは大豆１００％の独特の渋味が深いみそで、米麹は入っていません。

米みそは大豆と米麹を混ぜて発酵させたもので、全体の生産量の8割を占める、最も一般的なみそです。茶色っぽいみそを通称「赤みそ」と呼びますが、これは熟成期間の違いによるもので、短いと色は淡くなります。

次の白みそは米麹を多く使っているので、ちょっと高級なみそです。塩分濃度は他のみそよりも低く6〜7％。甘味が強く、まろやかな味が特徴です。

いずれのみそも空気に触れないようにラップで表面を覆ってから、冷蔵庫で保存

します。温度が低いほど劣化は少ないので、理想は**冷凍庫に入れること。**みそは家庭用の冷凍庫の温度では凍らないので、そのまま使うことができます。

実験として、それぞれのみそ15gを160ccの湯に溶いて比較してみました。白みそは塩分濃度が低いので20g使用しています。出汁が必要ないのであれば、湯で溶くだけでおいしく味わえるはず。

それぞれ味見をすると一番、おいしく感じられたのは白みそを溶いたもの。京都に行くと白みそを湯で溶いただけのお椀を食べさせてくれる店がありますが、こんな風に味わうと麹を多く使ったみその味が素直にわかります。

反対に赤だしみそは特有の渋みを強く感じ、違和感があります。赤だしは料理の世界で「鰹食い」と言われていますが、鰹出汁との相性がとてもいいみそ。普段、外で食べる赤だしのみそ汁は出汁がしっかりと利いているので、頼りなく感じるのかもしれません。

米みそはあっさりと感じますが、おいしい味で白みそと赤だしの中間的な結果でした。この簡単な実験から導き出される結論は**「麹の割合が多いみそであれば出汁は必要ない」**というものです。

昔、麹は贅沢品で、戦時中は使用が禁止されたほどでしたが、日本が豊かになるにつれて、麹歩合(原材料における麹の割合)が高いみそが醸造されるようになりました。

『みそ汁に出汁は必要ない』とする意見が出てきた背景には、こんなみそ自体の変化にも理由がありそう。

2つ目の理由として考えられるのは「具材の多様化」です。昔はみそ汁の具材といえば豆腐とワカメくらい。みそ汁はあくまで料理の添え物という扱いでしたが、今では具材のバリエーションも増え、おかずにもなる料理に格上げされた印象があります。具材を増やせばみそ汁をつくるときに出汁はいらないかもしれません。

みその使用量を少なくして旨味をアップするには?

それでも問題はあります。気になるのは塩分摂取量。

『味噌汁に対する「だし」の減塩効果について』という論文には「だし汁が濃くなるにつれ味噌汁の塩分濃度は下がり，かつお節の量を2～3％にすることで，かつお節0・5％に比べ塩分が0・16％も抑えられた」とありますが、やはり塩分を減らしつつ満足感を得るためには出汁の旨味を活用するのが効果的です。

野菜出汁の弱点はその旨味成分。野菜出汁の旨味はグルタミン酸に由来するものですが、みそに含まれる旨味成分も同じグルタミン酸。旨味の相乗効果が期待できないので、味に厚みが出ないのです。

みその使用量を減らしつつ満足感を出すためにはグルタミン酸と相乗効果がある〈イノシン酸（肉類や魚類）〉か〈グアニル酸（キノコ類）の旨味〉を加える必要があります。たとえば『豚肉とトマトのみそ汁』は豚肉のイノシン酸とトマトのグルタミン酸の組み合わせ。このみそ汁はトマトの旨味と酸味、それに豚肉の旨味と脂肪分というおいしい要素がいくつも入った現代的なみそ汁です。

しかし……。このみそ汁にも問題があります。おいしいのですが、主菜に肉を使う機会が増えている時代にあって、みそ汁に肉を使うと食材が被ってしまいがち。うーん……豚肉ととん汁で、豚がダブってしまった、というのは漫画『孤独のグルメ』のワンシーンですが、肉類を加えることは理想的なみそ汁の作り方とは言えないでしょう。

トマトのみそ汁。トマトのほどよい酸味が赤だしのコクにぴったり。

理想の出汁の素材は「煮干し」

いろいろと考えた結果、理想のみそ汁の出汁素材としてオススメできるのは「煮干し」です。

煮干しはカタクチイワシなどの小魚を煮て干したもので、鰹節と同じイノシン酸系の出汁素材。若干の魚臭さがあるのが弱点ですが、**みそには魚の生臭さを消す作用があるので、みそ汁には最適です。**

煮干しは大きさによって〈小羽〉〈中羽〉〈大羽〉という風に分類され、値段も上がっていきますが「高い煮干しが一番、おいしいんだろう」とは思わないでください。**実はみそ汁に一番、向いているのは小さくて安価な煮干しです。**

『煮干しの大きさと煮出し法の関係』という論文では、小羽、中羽、大羽で抽出した出汁を比較しています。それぞれの煮干しを30分間浸漬後、3分加熱したところ、最も評価が高かったのが小羽でした。

その理由として考えられるのは表面積。小さな煮干しは表面積が大きく、旨味成分の溶出が早いのです。同論文では「小羽のような小さめの煮干しは、30分間浸漬後3分間沸騰加熱する。または浸漬なしで5分間沸騰継続する」ことで「より嗜好性の高いだし汁が得られる」としています。

煮干しを扱うときに注意してほしいのは保存方法。

同じ研究者による『煮干しの保存温度がだし汁の風味や溶出成分に及ぼす影響』という論文によると開封後、10日ほどの保存期間であれば問題ないのですが、常温で30日経過すると香りが悪くなり、だし汁の評価も低下することがわかっています。

煮干しの敵は酸化です。

酸化には空気、温度、光の3つが大きく影響します。通常、流通している煮干しは袋に貯蔵中の脂質酸化を防止するための脱酸素剤が入っているので、開封しない状態で冷蔵しておけば、6ヶ月は品質が落ちません。少量ずつ購入し、**開封後はなるべく早く使い切るようにし、使いかけは冷凍庫で保管するのがオススメです。**

煮干し出汁のとり方にはいくつか方法があり、臭みが出にくいとして1晩、水に浸ける《水出し法》を薦めている料理サイトもあります。

しかし『煮干し出汁の嗜好性および溶出成分に及ぼす調製条件の影響』という論文によると、水出し法によって煮干しから旨味が出るのは2時間がピーク。それ以上の浸水は効果がないようです。

また、同論文では水出し法には生臭みが出にくいというメリットはあるものの、沸騰を継続する従来の方法でも、ほぼ同等に好まれる出汁が得られることが示唆されています。

以上のことからみそ汁に用いる煮干し出汁は、**「30分間浸漬後3分間沸騰加熱」**

か**「浸漬なしで5分間沸騰継続する」**方法で抽出するのがベスト、という結論が導き出せます。

特にみそ汁づくりで採用したいのは後者。浸漬なしですから思い立ったらすぐにみそ汁をつくることができますし、沸騰後維持する時間で野菜が煮えるので好都合です。

さて、レシピです。ニンジンと長ネギのみそ汁をつくってみます。

理想的なみそ汁のつくり方

材料（2人前）
ニンジン…半分
長ネギ…2本
煮干し…8g（水重量の2％）
水…400cc
みそ…適量（今回は25g）

1　ニンジンは棒状に切る。長ネギは1cmの厚さの斜め切りにする。

2　鍋に1のニンジンと長ネギ、煮干し、水を入れて、中火にかける。沸騰したら弱火に落とし、7〜8分間煮る。火を止めて、みそを溶き入れ、器に盛る。

煮干しから充分に味を出すために、弱火でことことと煮ます。5分経ったら大丈夫なのですが、今回はニンジンを使っているのでやわらかくなるまで7〜8分間煮ました。他にもキャベツやジャガイモなど好みの野菜を使えばOKです。

これが今のところ、僕が考える最も理想的なみそ汁のつくり方です。煮干しはそのまま食べても構いませんし、嫌いなら簡単に取りのぞけます。煮干しを使うのは昔ながらのつくり方ですが、様々な理由から合理的であることがわかります。

余談ですが、冷めたみそ汁はなんだかおいしくないもの。温かい状態で提供することが大事なので、食卓には最後に並べるようにしましょう。

参考文献／
『マルコメwebサイト　出汁入り味噌について』
『味噌汁に対する「だし」の減塩効果について』（瀬戸美江、澤田崇子、遠藤金次 日本調理科学会誌 36巻（2003）3号 p．219‐224）
『煮干しの大きさと煮出し方の関係』（安達町子、塩田 教子 日本調理科学会誌30巻（1997）1号 p．2‐8）
『煮干しだし汁の嗜好性および溶出成分に及ぼす調製条件の影響』（平田裕子、脇田美佳、長野美根、畑江敬子、島田淳子 日本家政学会誌 40巻（1989）10号 p．891‐895）
『煮干しの保存温度がだし汁の風味や溶出成分に及ぼす影響』（安達町子、野崎征宣　日本調理科学会誌　34巻（2001）1号 p．45‐52）
『味噌の味』（伊藤寛　日本醸造協會雜誌75巻（1980）11号 p．881‐884）

魚介料理

旨みじっくり

ブリ大根

ブリ大根は冬の時期に漁師が身体を温めたという逸話とともに語られることが多い北陸の郷土料理。おいしくつくるコツは強めの火加減で煮ることです。

調理の新常識

旧 調味料は「さしすせそ」の順番に加える。

←

新 くさみを消すには〈さ＝砂糖〉の前に〈さ＝酒〉を先に加える。

最適な材料を選びましょう

ブリには天然物と養殖物があります。

天然物がいいような気もしますが、実は、安定しておいしいのは養殖物。

ブリの養殖はここ最近、香川県の「オリーブぶり」や大分の「かぼすブリ」など生産者の努力の結果、品質が劇的に向上したので、天然、養殖にこだわらずおいしいブリを選ぶのが賢い選択です。

アラを使っていますが切り身でも同様につくれます。その場合は脂の多い腹側の身がいいですね。

もう一つの主役の大根は、煮物に適した品種(例えば三浦大根など)を選ぶのがベター。ブリ大根が売りの料理屋さんは源助大根という品種を使用しているお店が多いようです。

また、大根の皮はやわらかく煮込んでしまうので剥く必要がありません。

生姜も皮付きのまま使います。

「大根は米の研ぎ汁で下煮してから使う」と書いてある料理書もありますが、今の大根はえぐみが少ないので、そのまま煮込んでも大丈夫です。

大根の乱切りは縦に4等分してから、斜めに切ると簡単です。

濃口醤油は裏のラベルにしょうゆ（本醸造）と書かれているものを使います。「しょうゆ（混合）」「しょうゆ（混合醸造）」と書かれている濃口醤油は煮物には向きません。

ブリ大根は大根や生姜の強い香りで魚の臭みをマスキングする（覆い隠す）ことを狙った調理法です。野菜の香り成分は皮に多く含まれているので利用しない手はありません。

もう一つのコツは、調味料を時間差で加えていくこと。味付けの基本は「さしすせそ」といい、砂糖、塩、酢、醤油、みその順番に加えるといい、という意味ですが、**実は調味料を加える順番はあまり関係ありません。**砂糖は分子が大きいので、最初に加えたほうがいいですが、ある論文によると順番に調味料を加えた煮物と一度に加えた煮物を比較すると、味の差はほとんどないことがわかっています。（ただし煮豆は例外）

一つだけ気をつける必要があるのは〈さ＝砂糖〉の前に隠れている〈さ＝酒〉。酒を入れることによって、含まれているアルコールが蒸発していくときに一緒ににおいを飛ばしていく「共沸効果」と、酒の香りによってにおいを抑える「マスキング効果」も期待できますし、アルコールはあらゆる調味料よりも早く浸透するため、一番最初に加えるとよいのです。

ただ、醤油の扱いだけは注意しましょう。

ここでは最初の醤油で味付け、最後の醤油で香り付けという風に二度に分けて加えています。

煮物は「弱火でコトコト」というイメージがありますが、ブリ大根やあら炊きは魚のにおいの成分を揮発させるために、強めの火加減で煮るのがベター。

一緒に煮る大根が強い野菜だからこそできる料理です。

参考文献／
『調理法の簡便化が食味に及ぼす影響』（松本仲子・小川久恵　日本食生活学会誌Ｖｏｌ17№４　２００７）

ブリ大根のつくり方

材料（4人前）
ブリのアラ…300g
大根… 800g
生姜…20g
煮汁
日本酒…200cc
水…800cc
みりん…50cc
上白糖…50g（大さじ5強）
醤油…40cc＋40cc
柚子の皮の千切り
針生姜

強めの火力で煮ていくと、アクが浮いてくるので都度、取りのぞきます。

レシピ

1　ブリのアラは熱湯にくぐらせて、冷水で表面を洗う。よく洗った大根は縦に¼に切って、2.5cmの厚さに斜めに切る。

2　鍋に日本酒と水、1のブリのアラと大根、生姜を入れて、強火にかける。沸騰したらアクを軽くとり、みりん、上白糖を入れて火を中弱火に落とす。落とし蓋をして、10分間煮る。

3　10分経ったら醤油を40cc加える。

4　20分経ったら残りの醤油を加えて、落とし蓋を外す。アクをとりながら好みの濃さになるまで煮詰めていく。最後の醤油を加えてから10～15分が煮上がりの目安。器に盛って柚子の皮の千切りや針生姜などを添える。

デザート

甘さひかえめ

甘味屋風プリン

調理法ばかりに注目しがちですが、今回は容器にも着目してみました。プリンは入れる容器で、おいしさが大きく変わってくるのです。

調理の新常識

旧 蒸し器で蒸す

新 低温で火を入れるために

オーブンで湯煎。

プリンのおいしさを決定するものとは？

今回つくるのは、全卵タイプのプリンの一部を卵黄に替え、生クリームを使わずあっさりと仕上げたプリン。昔、甘味屋で食べたような味を目指しました。

プリンをつくるときは昔ながらの蒸し器をつかって蒸す方法と、オーブンで湯煎にする方法がありますが、おすすめは断然、湯煎の形でオーブンに入れることです。

その理由は、温度管理が楽だから。

プリンをつくるとき、蒸し器と湯煎でオーブンに入れて加熱したものを比較した実験があります。それによると6分経過の段階で強火の蒸し器では中心温度が20℃上昇したのに対し、オーブンでは9℃しか上がらなかった、とのこと。

ゆっくり加熱する、というのはプリンづくりの鉄則の一つです。

調理科学に詳しいフードライター、ハロルド・マギーによる著作『マギーキッチンサイエンス』には、

「加熱温度は低いほうが安全域は広い。つまりちょうどよく仕上がったと思ってから、硬くなってスが入ったりする前に、時間的な余裕がある、ということである」

固めのプリンに向いているのは『湯煎容器はガラス製＋アルミのプリンカップ』で、やわらかめのプリンに向いているのは『湯煎容器はステンレス製＋陶器のプリン容器』。

とあります。低温で火を入れることで失敗のリスクが減るのです。それがオーブンを使う最大のメリット。

オーブンでも蒸し器でも最終的な加熱温度が同じであれば、味はほとんど一緒です。蒸し器が100℃で加熱するのに対し、水を張った容器で湯煎にする形でオーブンに入れると、もっと低い温度で加熱することができるのは、湯煎するために張った水が蒸発する際に周りの熱を奪う（＝気化熱、夏場に道路にする打ち水と同じ原理）から。

このときの加熱温度は湯煎する容器の材質によっても異なります。鋳鉄製の容器に張った水は90℃ほど、ガラス製の容器では85℃前後、ステンレス製は80℃前後です。

つまり、**固めのプリンをつくりたければガラス製の容器を、滑らかなプリンをつくりたければステンレス製を選べばいいということ。**

また、プリンカップや湯煎の容器にアルミホイルで蓋をしてしまうと、気化熱が奪われるため、加熱温度が100℃に達してしまいます。それは絶対にやめましょう。

湯煎にかける容器の話をしましたが、プリンカップの材質によっても難易度は異なります。アルミ製のカップは熱伝導率がよいため、昔ながらの固めのプリンをつくるのに適していますが加熱のしすぎには注意。

一方、陶器製のカップは穏やかに加熱することができるので、滑らかでやわらかいプリンが簡単にできます。


今回のレシピはあっさりとした仕上がりの昔プリンなので、アルミカップとガラス容器の組み合わせを選びました。

生クリームの割合を増やして、陶器の器で加熱をすればなめらかタイプのプリンになります。その場合、生クリームは牛乳よりも水分が少ないので、同じ固さを出すために必要な卵の量は少なくなることに注意してください。

なお、**出来上がったプリンは冷蔵庫で寝かせるとカラメルが馴染んで、おいしくなります。**

食べるときを計算して、事前に準備しておくといいでしょう。

甘味屋風プリンのつくり方

材料（小さいプリンカップ6個分）
牛乳…300cc
卵…2個
卵黄…2個分
グラニュー糖…50g
みりん…小さじ1
バニラエッセンス…数滴
カラメルソース
　グラニュー糖…80g
　水…80cc
（オーブンは160℃に予熱しておく）

卵黄を増やした分、卵臭さが気になります。ここで秘密の隠し味に使っているのがみりんです。みりんは料理につかわれることが多いですが、リキュール的に使うと風味がぐっとよくなります。

レシピ

1　カラメルソースをつくる。鍋にグラニュー糖を入れて中火にかけ、途中周りが溶けてきたら一度だけ軽く揺すって砂糖を溶かす。色づいてきたら弱火に落として、煙が出てきたら火から外して水を一気に入れる。再び火にかけて軽くとろみがつくまで煮詰める。プリンカップに少しずつ注ぎ、冷ます。

2　ボウルで卵と卵黄を溶き、グラニュー糖を加えて軽く混ぜる。みりん小さじ1、バニラエッセンスを香り付けに加える。

3　小鍋で牛乳を70℃まで温め、**2**のボウルに加える。ザルか裏ごし器でこして、泡を取りのぞく。**1**のプリンカップに注ぐ。

4　バットに並べて熱いお湯(80℃)を注ぎ、160度のオーブンで20分間焼く。

5　焼き上がったプリンを冷蔵庫で1晩寝かせる。底を熱湯で温めると盛り付けやすい。

苦みと甘みの絶妙なバランス

濃厚ホットチョコレート

ホットチョコレートは星の数ほどつくり方がありますが、このレシピはパティシエのピエール・エルメが発表したものをアイデアのベースにしました。とはいえ、難しいことは一切なしの簡単なホットチョコレートです。

調理の新常識

旧 ココアをミルクで溶く。

←

新 ココアとチョコレートを水で溶く。

すぐにマネできる、おいしいホットチョコレート

冬においしいココア。

インスタントココアを溶かして飲むだけでもいいですが、たまには本物のホットチョコレートをつくってみましょう。

ホットチョコレートには星の数ほどつくり方がありますが、このレシピはパティシエのピエール・エルメが発表したものがアイデアのベースになっています。

ポイントは水。

ホットチョコレートにはクリームを加えることもありますが、彼は「クリームが入ると重くなり、カカオの風味が薄れてしまう」という理由から、水で薄めたミルクを使います(今はミルクも使わず、水だけでココアとチョコレートを溶いているようです)。このレシピはそれにならいました。

水を加えて溶きます。ミルクにココアパウダーを加えて玉になってしまったことはありませんか？ココアパウダーはミルクには溶けないので、水で溶くのが正解です。

使うのはココアパウダーとチョコレート。ココアパウダーの役割は苦みで、チョコレートの役割は甘みとチョコらしい香りです。このバランスが重要で、割合を変える

ことで個性が出ます。

チョコレートは入手しやすいガーナのブラックチョコレートを使いましたが、本当はヴァローナやカレボーのクーベルチュールチョコレート、ココアパウダーもヴァローナ製がベストです。

最後に注意点を一つだけ。

チョコレートを加えるときは、火を止めてから。

分離しないように泡立て器でよく混ぜてから、弱火にかけて温めます。ホットチョコレートは熱々がおいしいと思いますが、フランス人はそこまで温めないので、このあたりは好みで調整してください。

甘いホットチョコレートはロマンティックな味。

2人前できるので、誰かと分け合って飲みましょう。

ホット チョコレートの つくり方

材料(2人前)
チョコレート…50g
(ビタータイプ)
ココアパウダー…5g
(ヴァンホーテン製)
グラニュー糖…15g
水…100cc
牛乳…150cc

レシピ

1 小鍋にココアパウダーと砂糖を入れて、水を注いで溶く。玉がなくなるまで混ぜる。

2 牛乳を注いで火にかける。ふつふつと沸いてきたら細かく砕いたチョコレートを加えて、泡立て器で混ぜる。電動ミキサーがあればベスト。

3 カップに移して、温かいうちに頂く。

ふつふつと沸いてきたらチョコレートを投入して、火を消します。

おわりに

2000年代に入ってから料理の世界は劇的に変わりました。スチームコンベクションオーブンや湯煎機といった調理温度を完璧にコントロールできる調理器具が普及したことや、スペインの『エルブリ』やイギリスの『ファットダック』といったレストランが調理科学を積極的な形で料理にとりいれたからです。

それにともなってそれまで調理の常識とされてきた事柄が見直されています。例えば「肉の表面を焼いて、旨味を閉じ込める」というのもその一つ。

肉の表面を焼くことで旨味を閉じ込める、というのは1850年頃、ドイツの化学者ユストゥス・フォン・リービッヒが考案したものです。リービッヒは多くの有機化合物を発見するなど、化学の発展に貢献した化学者。彼の考えはあっという間に料理人や料理本の作者のあいだに広まり、そのなかにはフランスの高名な料理人、オーギュスト・エスコフィエもいました。その後、1930年代に簡単な実験によってこの考えの誤りが証明されたのですが、この考え方は訂正されないままでした。

肉の表面を焼き固めても旨味の流出が防げないことが周知されたのは2000年代に入ってからです。しかし、日本のテレビ番組などではいまだに「肉を焼いて旨味を閉じ込める……」という表現を聞くところからも、長いあいだに培われた「当たり前」

や「常識」といったものはなかなか変わらないことがわかります。

僕が料理のレシピを発表しはじめたのは数年前から。母校である服部栄養専門学校が運営していたWEBサイトの運営を手伝ったことがきっかけでした。そのサイトは閉鎖してしまいましたが、現在は株式会社ピースオブケイクが運営するメディアプラットフォーム『ｎｏｔｅ』で料理のレシピや取材記事を書いています。（Traveling FoodLab.で検索してください）

僕が心がけているのは当たり前を見直すこと。詳しくは本書に書きましたが、昔と今では食材が異なるので、あく抜きなどの手間は格段に減っています。昔ながらのやり方が１００％正しいとは限らないのです。

この本に掲載した料理はハンバーグや生姜焼き、唐揚げといった定番料理ばかりです。定番料理は長いあいだ支持され、受け継がれてきたみんなが食べたい味。それらを現代の視点から見直すことで、あたらしいスタンダードになるようなレシピを目指しました。

定番をマスターすれば応用が利くようになります。大事なことは料理の構造や、原理原則を理解すること。たんぱく質の変性温度を知れば、常にいい状態で肉を焼き上げることができますし、卵だって上手に火を通せます。自分でつくる料理がおいしくなると経済的にもメリットがありますし、普段の食事を上手につくれるようになると、生活のクオリティは確実に上がります。

この本を読んで「この料理、ちょっとつくってみようかな」と思ったら、一回目だけは子どものように素直な気持ちで、レシピ通りにつくってみてください。面倒な工程をつい飛ばしたくなる気持ちもわかりますが、各工程には味につながる根拠があります。この本では通常のレシピ本では省略されている根拠を可能な限り、併記したので参考にしていただけたら幸いです。

もちろん、各家庭によって環境や材料が異なるので、レシピ通りにするとかえって上手くできないこともありますし、味付けも濃い、薄いなど好みがあるでしょう。なので、二回目からは好きにアレンジしてみてください。きっと、その方が一度目よりもおいしくできるはずです。レシピは人から人へと渡るうちに少しずつおいしくなっていくものですから、ね。

樋口直哉 Naoya Higuchi

作家・料理人。
1981年東京都生まれ。服部栄養専門学校卒業。フランス料理の出張料理人として活躍後、作家に転身。『さよならアメリカ』（講談社）で第48回群像新人文学賞を受賞しデビュー。同作で芥川賞候補となる。主な著書に『大人ドロップ』『スープの国のお姫様』（小学館）『アクアノートとクラゲの涙』『おいしいものには理由がある』（KADOKAWA）などがある。

本書は株式会社ピースオブケイクが運営する『note』の「樋口直哉（TravelingFoodLab.）」と『cakes』の「おいしいをつくる料理の新常識」を加筆修正し、再構成したものです。

定番の〝当たり前〟を見直す

新しい料理の教科書

2019年1月17日 第1刷発行
2021年8月2日 第6刷発行

著者 樋口直哉
発行者 鉄尾周一
発行所 株式会社マガジンハウス
〒104-8003
東京都中央区銀座3-13-10
書籍編集部 ☎03-3545-7030
受注センター ☎049-275-1811
印刷・製本 大日本印刷株式会社

ISBN978-4-8387-3024-7 C0095

マガジンハウスのホームページ https://magazineworld.jp/